PORUKA

SA

KRSTA

PORUKA
SA
KRSTA

Dr. Džerok Li

URIM
BOOKS

PORUKA SA KRSTA od Dr. Džerok Li
Izdaje Urim Books (Predstavnik: Seongkeon Vin)
235-3, Guro-dong 3, Guro-gu, Seul, Koreja
www.urimbooks.com

Autorska prava © 2012 od strane Dr. Džerok Li
ISBN: 978-89-7557-639-3
Prevodilačka Autorska Prava © 2012, Dr. Ester K. Čung (Dr. Esther K. Chung). Korišćeno uz dozvolu.

Prethodno objavila na korejskom jeziku Urim knjige u 2002.g.

Prvo izdanje, jul 2011

Uredio Dr. Geumsun Vin
Dizajnirao Urednički biro Urim Books
Za više informacija kontaktirati: urimbook@hotmail.com.

V

PREDGOVOR

Sa željom da vi razumijete Božje srce i Njegov veliki plan kroz ljubav i postavite čvrst temelj za vašu vjeru.

Poruka sa Krsta vodila je bezbroj ljudi na putu spasenja od 1986 god. i demonstrirala nebrojano mnogo djela Svetog Duha na mnogim evangelističkim pohodima u instranstvu. Najzad, Bog Otac me je blagosiljao da je objavim. Svu zahvalnost i slavu pripisujem Njemu.

Mnogi ljudi kažu da vjeruju u Boga Stvoritelja i znaju ljubav Njegovog Sina Isusa Hrista, ali nisu sposobni da propovjedaju evanđelje sa vjerom. U stvari, samo nekolicina hrišćana razumije srce i proviđenje Božje. Štaviše, neki hrišćani su razdvojeni od Boga zato što nisu dobili jasne odgovore na mnoga pitanja pokazana u Bibliji, niti su razumijeli misteriozno proviđenje ljubavi Božje.

Na primjer, šta bi ste vi rekli kada bi vas pitali sledeća tri pitanja: „Zašto je Bog postavio drvo spoznaje dobra i zla i dozvolio da čovjek jede s tog drveta?" „Zašto je Bog stvorio pakao čak i pored toga što je žrtvovao svog Sina Isusa za grešnike?" i „Zašto je Isus jedini Spasitelj?"

Ja nisam mogao da razumijem Božje duboko proviđenje

stvaranja i Njegovo tajno proviđenje skriveno u krstu tokom prvih nekoliko godina mog hrišćanskog života. Nakon što sam pozvan kao propovjedalac Evanđelja, počeo sam da se pitam: „Kako ja mogu da vodim nebrojano mnogo ljudi na putu ka spasenju i da veličam Boga?“ Sinulo mi je da moram da razumijem sve Riječi iz Biblije uključujući i odlomke teške za shvatanje kroz tumačenje Boga i propovjedati ih po cijelom svijetu. Postio sam kad god sam mogao i molio se za to. Sedam godina je prošlo prije nego što je Bog počeo da mi ih otkriva.

Godine 1985, dok sam se vatreno molio, ispunio me je Sveti Duh. Počeo je da mi tumači tajno Božje proviđenje koje je bilo skriveno. To je bila „Poruka sa krsta.“ Propovjedao sam je tokom svake jutarnje nedjeljne službe dvadeset jednu sedmicu. Audio kasete sa „Porukom sa krsta“ uticale su na bezbroj ljudi u zemlji i u inostranstvu. Gdje god je „Poruka sa krsta“ propovjedana, Sveti Duh je djelovao poput razbuktale vatre. Mnogi ljudi su okajali grijehove i bili su izliječeni od svojih bolesti ili tegoba. Oni su odbacili sumnje o Božjem proviđenju i stekli istinitu vjeru i vječni život. Do tada, oni nisu tačno znali Boga i njegovu duboku ljubav. Upoznali su Boga, počeli da shvataju Njegov plan i dobili nadu za vječni život kroz ovu poruku.

Ako vi jasno shvatite zašto je Bog postavio drvo spoznaje dobra i zla u Rajskom vrtu, možete da shvatite Njegovo proviđenje za ljudsko oplemenjivanje i volite Boga još iskrenije. Štaviše, saznavši istinsku svrhu svog života, vi ćete biti u stanju da se opirete vašim grijehovima do tačke prolivanja krvi, da dajete sve od sebe kako bi nalikovali na srce Gospoda Isusa Hrista, i da budete vjerni Bogu do smrti. *Poruka sa Krsta* će vam pokazati Božje tajno proviđenje skriveno u krstu i pomoći će Vam da postavite čvrste temelje za istinit i dobar hrišćanski život. Prema tome, svako ko čita ovu knjigu biće u mogućnosti da razumije duboko Božje proviđenje i ljubav, da ima istinsku vjeru, i uspostavi i vodi hrišćanski život koji je ugodan Njegovim očima.

Svu svoju zahvalnost dajem direktorki dr. Geumsun Vin, i njenom osoblju u redakcijskom birou u Urim knjiga koji su učinili sve što su mogli da bi odštampali ovaj rad.

Neka bezbroj ljudi razumiju duboko Božje proviđenje, upoznaju Boga ljubavi i budu spašeni kao prava djeca Božja—za sve ovo ja se molim u ime Gospoda Isusa Hrista!

Džerok Li

UPOZNAVANJE

Poruka sa Krsta je mudrost i snaga Božja, i snažna poruka koju svaki hrišćanin u cijelom svijetu mora prihvatiti!

Svu zahvalnost i slavu dajem Bogu Ocu pod čijim vođstvom smo objavili *Poruku sa Krsta.* Toliko mnogo članova Manmin crkve u cijelom svijetu se radovalo njenom objavljivanju. Ova knjiga daje jasne odgovore na brojna pitanja koja mnogi hrišćani postavljaju: „Kakav je Bog Stvoritelj bio prije početka?" „Zašto je Bog stvorio čovjeka i dozvolio mu da živi na ovoj zemlji?" „Zašto je Bog postavio drvo spoznaje dobra i zla u Rajskom Vrtu?" „Zašto je Bog poslao Svog jednog i jedinog Sina kao žrtvu iskupljenja?" „Zašto je Bog planirao proviđenje spasenja kroz hrapavi drveni krst?" i mnoga, mnoga druga pitanja.

Ova knjiga sadrži duhom-ispunjene poruke koje je propovjedao dr. Džerok Li i prosvjetljava vas da znate i razumijete duboku, široku i veliku ljubav Božju.

Poglavlje 1: „Bog Stvoritelj i Biblija," upoznaje vas sa Bogom i sa načinom na koji On radi među vama. Kroz ovo poglavlje vi ćete naći dokaze o živom Bogu i shvatiti istinitost Biblije kroz svjetlo istorije čovječanstva. Sem toga, dokazuje da je teorija o evoluciji laž a stvaranje Božje istina.

Poglavlje 2: „Bog stvori i oplemeni čovjeka," dokazuje da je Bog stvorio sve stvari u univerzumu i napravio čovjeka po svom liku. Uz to, ovo poglavlje vas uči istinskom smislu l j u d s k o g života i svrsi Njegovog podizanja ljudskih bića kao Njegove istinite duhovne djece.

Poglavlje 3: „Drvo spoznaje dobra i zla," pruža odgovore na osnovna pitanja za sve Hrišćane: Zašto je Bog postavio drvo spoznaje dobra i zla? Ovo poglavlje detaljno objašnjava razlog i pomaže vam da razumijete duboku ljubav i misteriozno proviđenje Boga koji oplemenjuje ljudska bića na zemlji.

Poglavlje 4: „Tajna skrivena prije nego što je počelo vrijeme," objašnjava odnose između zakona o iskupljenju zemlje i duhovnog zakona o ljudskom spasenju (Levitski Zakonik 25). Takođe objašnjava da svi ljudi moraju da idu na put smrti zbog svojih grijehova ali im je Bog pripremio divan način spasenja prije nego što je počelo vrijeme. Konačno, uči vas zašto Bog ima skriven način ljudskog spasenja do vremena njegovog izbora i kako je Isus kvalifikovan za uslove zakona o iskupljenju zemlje.

Poglavlje 5: „Zašto je Isus naš jedini Spasitelj?" objašnjava kako je Božji plan za ljudsko spasenje, koji je bio skriven još prije nego što je počelo vrijeme, bio ispunjen kroz Isusa, razlog za njegovo raspeće, blagosiljagnje i prava Božje djece, značenje imena „Isus Hrist,“ razlog zašto Bog nije dao ni jedno drugo ime pod kapom nebeskom do Isus Hrist po kojem čojvek mora biti spašen, i tako dalje. Vi ćete osjetiti neizmjernu ljubav Božju ako razumijete duhovnu implikaciju poruke opisane u ovom poglavlju.

Poglavlje 6: „Proviđenje sa krsta,“ prosvjećuje vas sa dubokim značenjima Isusovog stradanja. Zašto je Isus rođen u životinjskom toru i ostavljen u jaslama ako je on istinski Sin Božji? Zašto je On bio siromašan cijelog Svog života? Zašto je bio šiban po cijelom tijelu, krunisan trnjem, i proboden klinovima kroz Njegove noge i ruke? Zašto je on patio od bolova do tačke prolivanja sve Njegove krvi i vode?

Ovo poglavlje obezbjeđuje tačne odgovore na takva pitanja i pomaže vam da razumijete duhovnu implikaciju Njegovih stradanja. Sve vrste bolesti i tegoba, kao i problemi kao što su siromaštvo, porodični nesklad, poslovne poteškoće i tako dalje će biti riješeni kroz vaše shvatanje i vjeru u duhovna značenja Isusovog stradanja. Ovo poglavlje vam pomaže da spoznate takvu duboku ljubav Božju, nosite se sa svim vrstama zla, i sudjelujete u božanskoj prirodi.

Poglavlje 7: „Poslednjih sedam Isusovih riječi na krstu,“ objašnjava duhovnu implikaciju Isusovih poslednjih sedam riječi na krstu baš prije nego što je umro. Kroz ovih poslednjih sedam riječi na krstu, On je ispunio misiju koju je dobio od Svog Boga Oca. Ovo poglavlje naglašava da vi treba da razumijete Isusovu veliku ljubav prema čovječanstvu, čekate na Njegov drugi dolazak, i bijete pravednu bitku do kraja u nadi za vaskrsenjem.

Poglavlje 8: „Istinska vjera i vječni život," vam govori da postajemo jedno sa ženikom Isusom Hristom samo istinskom vjerom. Biblija upozorava na neke koji govore da vjeruju u Isusa Spasitelja ali ne mogu biti spašeni na dan Strašnog suda. Biblija pridaje značaj ne samo prihvatanju Isusa Hrista nego i jedenju mesa Sina Čovječjeg i ispijanju Njegove krvi da se dostigne vječno spasenje. Možete imati istinsku vjeru koja će vas voditi na put spasenja kada jedete Njegovo meso i pijete Njegovu krv. Ovo poglavlje vas takođe uči prirodi istinske vjere, kako je dostići i šta trebate raditi kako bi dostigli potpuno spasenje.

Poglavlje 9: „Biti rođen od vode i Duha," prvi put spominje razgovor između Isusa i Nikodima. Ovaj razgovor zaključuje *Poruku sa Krsta*. Tvoje srce mora biti konstantno obnavljano kroz vodu i Sveti Duh sve dok se Isus Hrist ne vrati, i moraš čuvati cio duh, dušu i tijelo neokaljanima na dan Drugog dolaska Gospoda Isusa Hrista, vrijeme kada će te Gospod primiti kao Svoju predivnu mladu.

Poglavlje 10: „Šta je jeres (krivovjerje)?" zadire u prirodu jeresa i raspravlja o negativnom i pogrešnom shvatanju koje mnogi hrišćani imaju o tome. Danas mnogi ljudi nepažljivo i pogrešno tumače ili krive snažna Božja djela kao jeretička ili pogrešna zato što ne znaju biblijsku definiciju jeresi. Ovo poglavlje vas upozorava da ne smijete ni da krivite niti da osuđujete djela Svetog Duha kao jeretička i objašnjava kako da razdvojite Duh istine od duha zablude, i o nekim jeretičkim konfesijama. Konačno, ovo poglavlje naglašava da morate konstantno da pazite i molite se i živite u istini kako ne bi upali u iskušenja duha zablude.

Apostol Pavle je rekao o poruci sa krsta, mudrost Božju, u 1. Korinćanima Poslanici 1:18: „*Jer riječ sa krsta je ludost onima koji propadaju, a nama koji se spasavamo – sila Božija.*" Svako može da ima istinsku vjeru, upozna živog Boga i potpuno uživa u hrišćanskom životu kad razumije tajnu skrivenu u krstu i razumije duboko proviđenje Božje ogromne ljubavi za ljudski rod.

Poruka sa Krsta je osnovno učenje vašeg života. Zbog toga, ja se molim u ime Gospoda da možete položiti temelj za vaš hrišćanski život i dostignete potpuno spasenje i vječni život.

Geumsun Vin
Direktor Izdavačkog Biroa

SADRŽAJ

PREDGOVOR

UPOZNAVANJE

Poglavlje 1

BOG STVORITELJ I BIBLIJA

- Bog je Stvoritelj
- Ja sam Onaj što jeste
- Bog je Sveznajući i Svemogući
- Bog je autor Biblije
- Svaka riječ iz Biblije je istinita

„U početku stvori Bog nebo i zemlju.“

Postanak 1:1

Mnogi ljudi na ovom svijetu insistiraju na tome da nema Boga. Postoje i drugi koji obožavaju bogove kreirane čovječjom maštom ili prave slike Božjih stvorenja i obožavaju ih kao bogove. Čak iako mi ne možemo da Ga vidimo, Bog je zaista živ, i postoji samo jedan Bog koga mi moramo da obožavamo. Bog je stvoritelj univerzuma, svih stvari i ljudskog roda. On je vladar i sudija svega.

Kakvo biće je Bog? U stvari, nije lako za čovjeka da objašnjava o Bogu. Čovjek je ništa više nego obično stvorenje. Bog prevazilazi sva čovjekova ograničenja. Bog je bezgraničan i beskrajan. Bez obzira koliko mnogo mi našim znanjem razmatrali, ne možemo potpuno razumijeti i znati o Bogu.

Čak iako ne možemo potpuno spoznati Boga, postoje neke osnovne stvari koje moramo znati kao Božja djeca. Fundamentalna pitanja biće razjašnjena do detalja.

Bog je Stvoritelj

Danas, postoji bezbroj knjiga u svijetu, ali ni jedna knjiga već samo Biblija vam daje detaljne i jasne odgovore na pitanja o poreklu i stvaranju univerzuma, i početku i kraju ljudske rase.

Biblija daje jasan odgovor na pitanje o poreklu univerzuma i života. Postanak 1:1 kaže: „*U početku stvori Bog nebo i zemlju*" a u poslanici Jevrejima 11:3 čitamo: „*Uz pomoć vjere mi razumijemo da su svijetovi spravljeni riječju Božjom, tako da je sve što vidimo nije napravljeno od stvari koje su vidljive.*" Nije sve vidljivo napravljeno od nečega što je već postojalo. Napravljeno je iz „ničega" na Božju zapovjest.

Čovjek može da napravi nešto iz nečega drugog koje već postoji, naime, transformišući ili kombinujući materijale koji već postoje u nameri da stvori nešto, ali on ne može da stvori nešto iz ničega.

Nezamislivo je da čovjek može da stvori živi organizam. Čak iako razvije naučnu tehnologiju dovoljnu da napravi kompjutere sa vještačkom inteligencijom (artificial intelligence: A.I.) ili klonira ovce, on ne može da stvori čak ni amebu iz ničega.

Pa zato, ljudi samo izvode žive organizme iz stvari koje su date od Boga, i kombinuju ih na razne načine. Vi morate znati da ne može više od toga.

Tako, treba da znate da je jedino Bog sposoban da stvori nešto iz ničega. Samo je Bog Stvoritelj stvorio univerzum na Njegovu komandu i kontroliše cio univerzum, svjetsku istoriju, život i smrt i blagoslove i kletve čovječanstva.

Dokazi koji čine da vjerujete u Boga Stvoritelja

Sve – kuću, sto, čak i ekser – je stvorio neko. Postavlja se pitanje samo po sebi da mora da postoji i stvaralac ovog ogromnog univerzuma. Treba da postoji vlasnik koji ga je stvorio i upravlja njime. To je Bog Stvoritelj o kome Vam Biblija neprestano govori.

Kada pogledate unaokolo, postoji izobilje dokaza o stvaranju. Kao lak primjer, razmotrite ogroman broj ljudi na zemlji. Bez obzira na rasu, godište, pol, socijalni status i tako dalje, svi imaju dva oka, dva uha, jedan nos sa dvije nozdrve i jedna usta. Mada svaka životinja ima malu razliku s obzirom na svoju vrstu, i ona ima iste spoljašnje strukture lica. Na primjer, slon ima dugačak nos (surlu) ali je na sredini lica iznad njegovih usta. Nije iznad njegovih očiju, ispod usta ili na vrhu njegove glave. Svaki slon ima dvije nozdrve, dva oka, dva uha i jedna usta. Sve ptice u vazduhu, sve ribe u okeanu ili u moru, imaju istu strukturu.

Ne samo da sve životinje imaju istu strukturu lica, nego su kod svih sisara i sistemi za probavu i reprodukciju takođe identični. Na isti način, svi konzumiraju hranu svojim ustima i šta god uđe u usta ide u želudac i izlazi napolje iz tijela. Svi sisari pare se sa suprotnim polom i rađaju svoje potomke.

Kada sastavite ove očigledne faktore zajedno, nikako ne možete reći da je to slučajnost ili je to dokaz o evoluciji diktiran zakonom da „najjači opstaju." Ništa od ovoga ne može nikad biti objašnjeno teorijom o evoluciji.

Zbog toga, činjenica da i ljudi i životinje imaju istu organsku strukturu dovoljan je dokaz da je sve isplanirao i stvorio Bog Stvoritelj. Da Bog nije jedini Bog nego da je jedan među mnogo bogova, stvorenja bi imala različit broj organa i drukčije tjelesne strukture i položaje.

Pored toga, kada malo bolje pogledate prirodu i univerzum, u njima možete naći još više dokaza o stvaranju. Koliko čudesno je znati da sve stvari u sunčevom sistemu, kao što je zemljino okretanje oko sunca i obrtanje oko svoje ose, rade bez i najmanje greške! Pogledajte u sat na vašoj ruci. U njemu je veliki broj složenih dijelova. On neće da funkcioniše kad čak i najmanji dio nedostaje. Tako, ovaj univerzum je konstruisan da radi pod Božjim proviđenjem.

Na primer, ni čovjek niti bilo koji drugi oblik života ne može da egzistira bez mjeseca koji se okreće oko zemlje. Mjesec ne bi mogao biti postavljen ni malo dalje od ni bliže do zemlje nego što je njegova trenutna pozicija. Bog ga je postavio na odgovarajuću udaljenost tako da čovjek može da živi na zemlji.

Zbog tog položaja, sila njegove gravitacije stvara plimu i oseku na moru. Ova plima omogućava da se more ljulja i pročisti. Isto tako, sve stvari u univerzumu su napravljene da se kreću precizno prema Božjem proviđenju.

Zašto neki ne veruju u Boga Stvoritelja

Neki ljudi vjeruju u Boga Stvoritelja i žive u skladu sa Njegovom Riječi. Zašto ljudi, koji mogu rasuđivati i tražiti da nađu odgovore na sve u nauci, ne vjeruju u Boga Stvoritelja?

Ako ste još u djetinjstvu od vjernih hrišćana naučili da je Bog živi i Svemogući Stvoritelj, onda nije teško da vjerujete u Boga Stvoritelja.

Ipak, danas su mnogi od vas pod uticajem teorije evolucije iz perioda adolescencije i postoji toliko „znanja" koje nije sto posto istinito. Vi se takođe družite sa onima koji ne vjeruju u Boga ili sumnjaju u Njega.

Pošto živite u ovakvom okruženju, ako odete u crkvu i čujete Riječ Božju, vi ste često u nedoumici i protivriječnosti i ne možete vjerovati u Boga Stvoritelja zbog toga što se vaše pređašnje znanje kosi sa onim što saznate i čujete u crkvi.

Dokle god se ne oslobodite misli ili znanja koje ste stekli u svijetu čak i da idete redovno u crkvu, vi ne možete da imate duhovnu vjeru, Bogom stvorenu vjeru, koja je daleko od svake sumnje. Vi ne možete da vjerujete u carstvo nebesko ili pakao bez duhovne vjere. Vi prihvatate vizuelni svijet kao jedini svijet, i živite na svoj način.

Koliko puta vidite da su neke nekada priznate i prihvaćene teorije kasnije bile izmjenjene ili zamjenjene novom teorijom? Čak iako ovo nije taj slučaj, istina je da se opšte poznate teorije i tvrđenja konstantno prepravljaju i dopunjavaju kasnije novo nađenim činjenicama.

Kako vrijeme prolazi i nauka napreduje, ljudi smišljaju bolja objašnjenja i teorije čak iako nisu savršene. Ja neću da kažem da su sva istraživanja mnogih naučnika pogriješna.

Postoji još uvijek mnogo stvari na zemlji koje ne mogu biti objašnjene ljudskom sposobnošću, tako da morate prihvatiti ovu činjenicu.

Na primjer, kada se priča o univerzumu, vi nikada niste bili u dio univerzuma udaljen od zemlje, niti ste se ikad vratili u prastara vrjemena. Pa ipak, ljudi pokušavaju da objasne univerzum postavljajići razne hipoteze i teorije.

Prije nego što je čovjek otišao na mjesec, mi smo pretpostavljali: „Možda ima nekih živih organizama tamo gore ili možda van zemlje negde u sunčevom sistemu ima organizama." Ipak, poslije čovjekovog putovanja na mjesec, mi smo objavili: „Nema živih organizama na njemu." Ovih dana, naučnici govore: „Postoji vjerovatnoća da ima živih organizama na Marsu" ili „Ima nekih tragova vode na Crvenoj planeti."

Čak iako ste istraživali dugo vrjemena i povećali svoje znanje, ako ne znate želju, proviđenje i moć Boga Stvoritelja, vi ćete se suočiti sa ograničenjem ljudskih sposobnosti.

Zbog toga, Poslanica Rimljanima 1:20 kaže: *„Jer šta se na Njemu ne može vidjeti, od postanja svijeta moglo se poznati i videti na stvorenjima, i Njegova vječna sila i božanstvo, da nemaju izgovora."*

Ko god otvori svoje srce i duboko razmišlja može da osjeti moć Božju i Njegovu božansku prirodu kroz tvorevine kao što su sunce, mjesec i zvijezde- objekte kroz koje vam Bog dozvoljava da spoznate Njegovo postojagnje i vjerujete u Njega.

Ja sam Onaj što jeste

Kada čuju o Bogu Stvoritelju, mnogi se ljudi možda pitaju: „Kako je On postojao u početku?" „Odakle je On došao?" ili „U kom obliku je On postojao?"

Čovjekovo znanje i misao ne mogu da pređu određenu granicu, koja diktira da mora biti početka i kraja za sva bića. Zbog toga, mi tražimo jasne odgovore na takva pitanja.

Međutim, Bog egzistira izvan ljudskog shvatanja, tako da je On taj koji je „Bio," „Jeste" i „Biće."

Izlazak 3 oslikava scjenu u kojoj je Bog komandovao Mojsiju da vodi Izraelce u zemlju Hanan. Mojsije zauzvrat upita Boga šta da odgovori Izraelcima ako ga pitaju o imenu Boga. U tom momentu, Bog reče Mojsiju: *„JA SAM ONAJ ŠTO JESTE,"* i zapovjedi mu da kaže Izraelcima: *„KOJI JESTE, On me posla k vama"* (Izlazak 3:14).

„KOJI JESTE" je fraza koju Bog upotrebljava kada se odnosi na Njega Lično, i to znači da Njega niko nije rodio, ili stvorio, ali je On savršeno biće, Stvoritelj Lično.

Bog je na početku bio Svjetlo sa Glasom

U Jevanđelju po Jovanu 1:1 piše: *„ U početku beše Riječ, i Riječ beše u Boga, i Riječ beše Bog."* Ovako, Bog koji je bio Riječ na početku, bio je biće koje je egzistiralo potpuno samo a da nije bilo stvoreno. Kako i gde je On postojao?

Bog je Duh, tako da je on postajao u formi Riječi u četvrtoj dimenziji, duhovnom carstvu, ne u trećoj dimenziji koja je vidljiva. Bog nije postojao ni u jednoj drugoj formi nego kao apsolutno i divno svjetlo sa čistim i jasnim glasom, i On je vladao cijelim univerzumom.

Tako, 1. Jovanova Poslanica 1:5 kaže: *„I ovo je obećanje koje čusmo od Njega i javljamo vama, da je Bog Svjetlo, i tame u Njemu nema nikakve."* To ima duhovno značenje i ima izraz koji oslikava budućnost Boga koji je bio svjetlo na početku.

Na početku, Bog je postojao kao svjetlo sa glasom u njemu. Njegov glas je čist, blag, i mekan, i zvoni kroz cijeli univerzum. Oni koji su ikada lično čuli glas Božji mogu ovo da razumiju.

Bog je bio sam prije nego što je počelo vrijeme

Bog Stvoritelj koji je postojao prije nego što je počelo vrijeme, planirao je da odgaji Svoju istinsku duhovnu djecu i nastavio sa tim planom. Zato, ako vi u potpunosti razumijete Boga KOJI JESAM, treba da oporeknete vaš način mišljena, teorije i stereotipove i nadalje prihvatite djelo stvaranja učinjeno od Boga.

Ne kao stvari koje je stvorio Bog, stvari koje je stvorio čovjek imaju ograničenja i greške. Kako znanje i civilizovanje ljudskih bića konstantno napreduje, bolji proizvodi se prave ali oni još uvijek imaju mnogo mana.

Neki prave idole od zlata, srebra, bronze i metala i zovu ih bogovima pred kojima se klanjaju i mole za blagoslove. To su samo drveni, metalni ili kameni oblici koji ne mogu da dišu, govore ili pak trepnu očima (Habakuk 2:18-19).

Iako oni tvrde da su mudri, ljudi ne mogu da naprave razliku između istine i obmane, nego radije prave neke likove i zovu ih svojim bogovima koje obožavaju (Poslanica Rimljanima 1:22-25). Kako je to budalasto i sramno?

Iz tog razloga, ako su ljudi obožavali i služili beskorisne bogove zato što nisu znali za Boga, oni treba da se potpuno pokaju, obožavaju Boga KOJI JESAM, i ispune dužnosti kao Njegova djeca.

Bog je Sveznajući i Svemogući

Bog Stvoritelj koji je stvorio cijeli univerzum je savršeno biće koje je postojalo prije početka vremena, i on je sveznajući i svemogući. Biblija bilježi brojna čudesa i čuda koja ne mogu biti izvedena snagom i znanjem čovječanstva.

Ova moćna djela sveznajućeg i svemogućeg Boga koji je isti juče i danas događala su se tokom vremena Novog Zavjeta kao i u vrijeme Starog Zavjeta kroz mnoge Božje ljude koji su imali Njegovu moć.

Ovo je zato što, kako je Isus rekao u Jevanđelju po Jovanu 4:48: „*Ukoliko vi ljudi na vidite znakove i čuda, vi jednostavno nećete vjerovati,* " ljudi ne vjeruju ukoliko ne vide djela Svemogućeg Boga.

Bog pokaza divna čuda i znakove

Izlazak djetaljno bilježi da je Sveznajući i Svemogući Bog činio divna čuda i znakove kroz Mojsija kad je On izveo Izraelce iz Egipta u zemlju Hanansku.

Na primjer, kada je Bog poslao Mojsija kod faraona, kralja Egipta, On je donio deset bolesti na njega i njegovu naciju, učinio da izraelci hodaju po suvoj zemlji tako što je razdvojio Crveno more i zbrisao egipatsku vojsku u nagloj bujici.

Čak i poslije Izlaska, voda je izašla iz kamena kada ga je Mojsije udario svojim štapom, gorka voda se promenila u slatku vodu, i mana je došla sa nebesa tako da su milioni ljudi mogli da žive ne brinući se za hranu.

Kasnije u Starom Zavjetu, mi vidimo Boga kako Iliji daje moć da predskaže tri i po godine suše, da kroz njegovu molitvu kiša opet pada, i da oživi mrtve.

U Novom Zavjetu, vidimo Isusa, Sina Božjeg, kako oživljava mrtvog Lazara koji je bio mrtav četiri dana, otvara oči slijepima, i iscjeljuje mnoge ljude od raznih bolesti, nedostataka i zlih duhova. On je hodao po vodi i smirio vjetar i talase.

Bog je činio izvanredna čuda sa rukama Pavla, tako da kad bi se maramice ili kecelje sa njegovog tijela samo donijele do bolesnih, bolesti su ih napuštale i zli duhovi bi izašli napolje (Djela apostolska 19:11-12). Brojni znakovi pratili su Petra koji je bio jedan od najboljih Isusovih učenika. Ljudi su iznosili bolesne na ulice i polagali ih na krevete i madrace tako da bar Petrova senka može da padne na njih dok on prolazi (Djela apostolska 5:15).

Pored toga, Bog je činio čuda i prikazivao znake kroz Stefana i Filipa u Bibliji, i On nastavlja da ih pokazuje kroz našu crkvu čak i danas.

Bog je autor Biblije

Bog je Duh, tako da je On nevidljiv ali se uvijek pokazivao na mnogo načina. Bog obično otkriva Sebe kroz prirodu i posebno kroz svjedočenja ljudi koji su iscijeljeni i koji primaju odgovore od Njega. On takođe detaljno otkriva Sebe kroz Bibliju.

Dakle, kroz Bibliju vi možete spoznati istinskog Jednog Boga, upoznati ga i dostići spasenje i vječni život shvatanjem djela

Božjeg. Uz to, možete da živite uspešan život i slavite Boga kroz razumijevanje srca Božjeg i kroz shvatanje kako Ga voljeti i kako biti voljen od Njega (Timotej 3:15-17).

Sveto Pismo je Bogom-dano

2. Petrova Poslanica 1:21 kaže da: *„Jer nikad proroštvo ne bi od čovječije volje, nego naučeni od Svetog Duha govoriše sveti Božiji ljudi,"* a u 2 Poslanici Timotejevoj 3:16 piše: *„Svako Sveto Pismo je dato od Boga."* Ovo znači da je Biblija od Postanka do Otkrovenja Reč Božja koja je zapisana samo uz Božju volju.

Zbog toga, postoje mnoge fraze poput „Bog kaže," „GOSPOD kaže" i „GOSPOD Bog kaže." One potvrđuju da Biblija nije Riječ čovječija nego Božja.

Biblija ima šezdeset šest knjiga sastavljenih od trideset devet knjiga u Starog Zavjeta i dvadeset sedam knjiga Novog Zavjeta. Broj pisaca je procjenjen na 34. Period pisanja Biblije pruža se na otprilike prije Hrista 1500 god. do poslije Hrista 100 god. otprilike 1600 godina. Ono što je čudesno je to, da čak i pored činjenica da su je pisali mnogi različiti autori, Biblija je kompletno logički povezana od početka do kraja, i svaki stih se podudara sa drugim stihovima.

Zato Isaija 34:16 kaže: *„Tražite u knjizi Gospodnjoj i čitajte, ništa od ovog neće izostati i nijedno neće biti bez drugog. Jer Njegova usta su zapovjedila, i Duh će ih Njegov sabrati."*

Tako nešto može da se desi zato što je Bog originalni pisac Biblije, a Sveti Duh je upravljao srcima pisaca i sastavio Riječi zajedno. Šta bi vi trebalo da se zapamtite je da su pisci Biblije bili samo neznanci korišćeni da pišu za Boga a originalni pisac je Bog. Hajde da uzmemo jedan primjer. Pretpostavimo da postoji majka u godinama koja živi u seoskom području. Ona šalje pismo njenom mlađem sinu koji studira u gradu. Ona je nepismena, pa diktira poruku svom starijem sinu. Kada mlađi sin u gradu dobije pismo, on bi pomislio da mu je njegova majka poslala pismo, a ne njegov brat, čak iako ga je u stvari napisao njegov brat. Isto je i sa Biblijom. Isto tako je i u Bibliji.

Božje slovo ljubavi puno blagosiljanja i obećanja

Bibliju su zapisale duhom ispunjene sluge Božje kako bi otkrili Boga Lično. Vi morate da vjerujete u činjenicu da je to Riječ istinitog Boga koji otkriva Sebe.

Riječ Božja je duh i život (Jovan 6:63), tako da kogod čuje i vjeruje joj, taj će dobiti vječni život sa dušom koja prihvata život u izobilju. Svako ko vjeruje i povinuje se Riječi Božjoj će uživati uspješan život i biće savršen Božji čovjek koji je sličan Isusu Hristu.

Bog je došao na zemlju u tijelu da pokaže Sebe ljudskom rodu, a to tijelo je bio Isus. Filip, učenik Isusov, bio je neupućen u to i zahtevao je da mu Isus pokaže Boga. On nije uspio da shvati da je Isus otjelotvorenje Boga, kao da je ostvario poslovicu koja kaže: „Svjetionik ne sija u podnožju."

Jovan 14:8 i naredni stihovi upoznaju nas sa razgovorom između Filipa i Isusa:

Reče Mu Filip: „Gospode! Pokaži nam Oca i biće nam dosta." Isus mu reče: „Toliko sam vrijeme s vama i nisi Me poznao, Filipe? Koji vide Mene, vide Oca; pa kako ti govoriš: Pokaži nam Oca? Zar ne vjeruješ da sam Ja u Ocu i Otac u Meni? Riječi koje vam Ja govorim ne govorim od Sebe; nego Otac koji stoji u Meni On tvori djela." (Jovan 14:8-10).

Čak iako je Isus dao ubjedljive dokaze da su On i Bog jedno time što je činio čuda koja bi bila nemoguće bez Božje moći, Filip je želio da mu Isus pokaže Oca. Isus mu je rekao da vjeruje u Njegovo učenje sa čudima samim kao dokazima.

Bog je došao na ovaj sijvet u tijelu kako bi pokazao Sebe i Bog je naložio da se Biblija napiše zato što u normalnim uslovima ljudima nemoguće da Ga vide ljudskim očima.

Dakle, vi možete dobiti blagoslove i odgovore koje Bog obećava u Bibliji kada ostvarite dragocjenu zajednicu sa živim Bogom kroz Bibliju, znate njegovu volju i proviđenje, i držite se Njegove Riječi.

Svaka riječ iz Biblije je istinita

Istorijski zapisi vam omogućavaju da saznate o ljudima ili događajima u određeno vrijeme u prošlosti. Istorija je bilans promjena vremena i omogućava vam da detaljno znate o nekim stvarima, ljudima ili uslovima života u tim vrijemenima.

Istorija čovječanstva je dokazala da je Biblija istinita.

Uvidećete da je Biblija istorijska i realistična, posebno kada
pažljivo razmotrite događaje, ljude, mjesta ili običaje zabilježene
u Bibliji. Pošto je Stari Zavjet zapravo zasnovan na objektivnim
činjenicama kao što su važni ili beznačajni djelići iskustva koji su
se desili pojedincima, narodima ili grupama još od vremena
Adama i Eve, Izrael do današnjeg dana smatra Stari Zavjet za
sveti i istorijski dokument svoje nacije i nasljeđa. Čak i mnogi
istoričari priznaju Bibliju kao pouzdani izvor.

Istorija dokazuje istinitost Biblije

Prije svega, bazirano na Bibliji, volio bih da sa vama podijelim
istoriju Izraela i dokažem da je Riječ Božja u Bibliji istina.

Adam, praotac ljudskih bića, je zgriješio prema Bogu, zato su
svi njegovi potomci od tog doba živjeli griješnim životom ne
spoznajući Boga, svog Stvoritelja. Baš tada, Bog je odabrao jednu
naciju kroz koju je htio da pokaže Njegovu volju i proviđenje.

Prvo, Bog je pozvao Avrama koji je imao najbolje „polje duše,"
oplemenio ga i postavio kao oca vjere. Avram je bio otac Isakov,
Isak otac Jakovljev, a Bog je nazvao Jakova „Izrael" i stvorio
dvanaest plemena od njegovih dvanaest sinova.

Dok je Jakov bio živ, Bog ga je preselio u Egipat i osposobio
ga da napravi naciju tako što mu je uvećao potomstvo i konačno
ih poveo u zemlju Hanan.

Bog je dao Mojsiju Zakon tokom njegovog boravka u divljini,
istrenirao Izraelce da žive u skladu sa Njegovom Riječi i poveo ih
samo pomoću Svoje Riječi.

Kada ih je doveo u zemlju Hanan, oni su napredovali jedino kada su se povinovali Zakonu. Kad je Izrael poštovao idole i činio zla, njegova snaga kao naroda je opadala i trpeo je strane invazije. Izraelci su ili bacani u tamnice ili porobljeni. Kada su se pokajali, njihova nacija je bila obnovljena. Ovaj ciklus se ponavljao uvijek iznova. Tako, kroz istoriju Izraela, Bog pokazuje svim ljudskim bićima da je Bog živ i da On svime upravlja Njegovom Riječju. Možete vidjeti i da su se proročanstva iz Biblije ispunila ili su u procesu ispunjenja. Na primjer, u Jevanđelju po Luki 19:43-44, Isus spomenu pad Jerusalima, riječima:

Jer će doći dani na tebe, i okružiće te neprijatelji tvoji opkopima, i opkoliće te, i obuzeće te sa sviju strana, i sravniće sa zemljom tebe i djecu tvoju u tebi, i neće ostaviti u tebi kamena na kamenu, zato što nisi poznao vreme u kome si pohođen.

U ovim stihovima, Isus je htio da kaže kako će grad Jerusalim biti uništen zbog njihovog rastućeg razvrata. Proročanstvo je ispunjeno u godini 70. poslije Hrista, kada je rimski general Titus naredio svojim ljudima da izgrade nasip oko Jerusalima, i ubiju mnogo ljudi unutar zidina. Ovo se odigralo samo četrdeset godina nakon Hristovog proročanstva.

Isus je rekao u Jevanđelju po Mateju 24:32: *„Od smokve naučite se priči: kad se već njene grane pomlade i ulistaju, znate da je blizu ljeto."* Ovde smokvino drvo predstavlja izraelsku naciju, a ovo poređenje uči da će Izrael biti nezavisan kada bude bio blizu dan Isusovog Drugog Dolaska. Konačno, istorija svjedoči da se ova Riječ Božja obistinila kada je Izrael, koji je pao u 70.g prije Hrista, bio čudesno ponovo ustanovljen 14. maja 1948.god.- 1900 godina poslije uništenja.

Proročanstvo Starog Zavjeta i njegovo ispunjenje u Novom Zavjetu

Ja svjedočim da je Riječ Božja u Bibliji istina kroz proučavanje kako se proročanstvo Starog Zavjeta ispunilo u vrijeme Novog Zavjeta.

Zakon Starog Zavjeta nije idealan način za „dostizanje istinske Božje djece." To je bila samo senka načina za prikazivanje Boga. Zato je Bog obećao dolaženje Mesije u čitavom Starom Zavjetu. Kada je došlo vrijeme, On je poslao Isusa Hrista na ovaj svijet do bi održao obećanje.

Evidentno je da je Isus došao na zemlju prije oko 2000 godina. Zapadna istorija uglavnom je podjeljena na dvije grupe u odnosu na rođenje Isusa. „B.C." (Engleski - Before Christ) znači „prije Hrista" i odnosi se na vrijeme pre Hristovog rođenja dok „A.D." je skraćenica od Anno Domini što znači „ljeta Gospodnjeg." Čak i sama istorija potvrđuje Hristovo rođenje.

Pogledajmo najprije u Postanak 3:15:

I još mećem neprijateljstvo između tebe i žene i između sjemena tvog i sjemena njenog; ono će ti na glavu stajati a ti ćeš ga u petu ujedati.

Stih predskazje da će naš Spasioc, kao sjeme od žene, doći i uništiti moć smrti. „Žena" u ovom pasusu znači Izrael. U stvari, Isus je došao na svijet kao Josifov sin koji je pripadao Izraelskom plemenu Juda (Jevanđelje po Luki 1:26).

Isaija 7:14 kaže: „*Zato će vam sam GOSPOD Lično dati znak; eto djevica će zatrudneti i rodiće Sina, i nadjenuće Mu ime Emanuilo.*" Ovo ukazuje da će Sin Božji biti poslat da ispašta grijehe ljudske rase a biće začet od Svetog Duha. U stvari, Isusa je rodila Djevica Marija od Svetog Duha (Jevanđelje po Mateju 1:18-25).

Isusu je proračeno da će biti rođen u regiji Vitlejem, kao što i u Miheju 5:2 piše:

A ti, Vitlejeme Efrato, ako i jesi najmanji među klanovima Judinim, iz tebe će mi izaći koji će biti Gospodar u Izraelu, kome su izlasci od početka, od vječnih vremena.

Ispunjujući ovu Riječ, Isus je rođen u Vitlejemu, pleme Juda za vrijeme kralja Iroda. Ovo čak i istorija potvrđuje.

Pokolj mnoge nevine djece od strane kralja Iroda u vrijeme Isusovog rođenja (Jeremija 31:15; Jevanđelje po Mateju 2:26), Isusov ulazak u Jerusalim (Zaharija 9:9; Jevanđelje po Mateju 21:1-11), i Isusovo vaznesenje u raj (Psalmi 16:10; Djela apostolska 1:9), sve je to proračeno i tako se i ispunilo.

Uz to, izdajstvo Jude Iskariotskog, koji je tri godine pratio Isusa (Psalmi 41:9) i sam njegov čin izdaje za trideset srebrnjaka (Zaharija 11:12), oba su predskazanja i ispunjena.

Vi tako možete vjerovati da je Biblija istinita i istinska Riječ Božja, posebno kada vidite da su se sva predskazanja iz Starog Zavjeta tačno ostvarila.

Predskazanja iz Biblije koja tek treba da se ostvare

Bog je načinio Isusa Hrista našim Spasiteljem tako što je ispunio sva predskazanja iz Starog Zavjeta za vrijeme Novog Zavjeta. Svaki djelić proročanstva o Isusu, tok istorije za Izrael i istorija čovječanstva su ispunjeni bez ijedne greške. Detaljno proučavanje svijetske istorije vodi do saznanja da su se sve riječi proročanstva iz Biblije ispunile i da će biti ispunjene.

Proroci su i u vrijeme Starog Zavjeta i u vreme Novog Zavjeta prorekli su uspon i pad svijetske moći, uništenje i obnovu Jerusalima, i buduće poslove važnih ljudi. Mnoga proročanstva u Bibliji su se ispunila i sada se ispunjavaju, a ljudi će tek vidjeti Isusov Drugi Dolazak, Uzdizanje na nebo, Milenijumsko kraljevstvo, i Sud Velikog bijelog prijestolja. Naš Gospod sada priprema vaše mjesto kao što je obećao (Jevanđelje po Jovanu 14:2), i On će vas uskoro odvjesti na vječno mjesto.

Naš sijvet sad pati od gladi, zemljotresa, nenormalnog vremena i velikih nesreća. Nemojte to smatrati koincidencijom, nego shvatite da se približava Drugi Dolazak Isusov (Jevanđelje po Mateju 24:3-14). Potpuno spasenje treba da dostignete tako što ćete biti budni i ukrasiti se kao nevjesta.

Poglavlje 2

BOG STVARA I OPLEMENJUJE ČOVJEKA

- Bog Stvara ljudska bića
- Zašto Bog oplemenjuje ljudska bića?
- Bog razdvaja žito od pleve

I stvori Bog čovjeka po obličju Svom, po obličju Božjem stvori ga; muško i žensko stvori ih. I blagoslovi ih Bog, i reče im Bog: „Rađajte se i množite se, i napunite zemlju, i vladajte njom, i budite gospodari od riba morskih i od ptica nebeskih i od svih zvijeri što se miču po zemlji. "

Postanak 1:27-28

Bar jednom u vašem životu možete pitati osnovna pitanja kao što je postanak, destinacija, cilj i smisao života. Onda pokušajte da dobijete odgovore. Mnogi ljudi probaju različite metode da riješe ove zagonetke ali jednostavno umru a ne dobiju ni jedan pravi odgovor.

Svijetski poznati mudraci kao što je Konfučije, Buda ili Sokrat takođe su se trudili da dobiju ove osnovne odgovore. Konfučije se fokusirao na moralu, što je naglašavalo da je savršena vrlina smatrana kao etički ideal, i donjelo mu mnogo sledbenika. Buda je dugo vremena ispaštao kako bi odbacio materijalno postojagnje. Sokrat je tražio istinu na svoj način i tragao je za istinskim znanjem.

Međutim, niko od njih nije mogao da nađe stalno, osnovno rješenje, dostigne originalnu istinu ili obezbjedi vječni život. To je zbog toga što istina skrivene prije stvaranja svijeta, je nešto duhovno što je nevidljivo i nedodirljivo. Vi ne možete da nađete jasne odgovore o životu dok ne razumete proviđenje Boga Stvoritelja o ljudskom oplemenjivanju.

Bog Stvara ljudska bića

Tajanstveno stvaranje organa i ćelija i tkiva u čovječijem tijelu je nemerljivo. Bog koji je na ovaj način stvorio čovjeka hoće da dobije istinsku djecu sa kojom može da da dijeli ljubav zauvijek, i više. Za ovu svrhu, Bog je stvorio čovjeka po Svom izgledu i obliku i nalik sebi, i oplemenio je čovjeka i pripremio raj. Onda, kako je Bog stvorio sve stvari u univerzumu i stvorio čovjeka.

Božje šestodnevno stvaranje

Postanak 1 dobro opisuje proces tokom kog je Bog stvorio nebesa i zemlju za šest dana. Bog reče: „*Neka bude svjetlost,*" i beše svjetlost (Stvaranje 1:3). Onda On reče: „*Neka se sabere voda što je pod nebom na jedno mjesto, i neka se pojavi suva zemlja,*" i mi znamo da beše tako (Stvaranje 1:9). I tako dalje.

Kao što je rečeno u Poslanici Jevrejima 11:3: „*Uz pomoć vjere mi razumijemo da su svjetovi spravljeni riječju Božjom, tako da je sve što vidimo nije napravljeno od stvari koje su vidljive,*" Bog je stvorio cio univerzum Svojom Riječju.

Bog je prvog dana stvorio svjetlo, a drugog dana je stvorio nebeski svod. Trećeg dana, kada je Bog rekao: „*Neka se sabere voda što je pod nebom na jedno mjesto, i neka se pojavi suva zemlja*" (Stih 9), bilo je tako i Bog je suvo kopno nazvao zemljom, a skupine vode morima. Onda je Bog rekao: „*Neka pusti zemlja iz sebe travu, bilje, što nosi sjeme, i drvo rodno, koje rađa rod po svojim vrstama, u kome će biti sjeme njegovo na zemlji*" (Stih 11), a zemlja je izrodila vegetaciju, biljke plodno sjeme po njihovoj vrsti, a drveće plodno voće sa sjemenkama u voću po njihovoj vrsti. Na četvrti dan, On je stvorio sunce, mjesec i zvijezde na nebeskom svodu, i pustio da sunce upravlja danom a mjesec da upravlja noći. Petog dana, On je stvorio stvorenja u moru i svako živo i pokretno biće kojima more obiluje, prema njegovoj vrsti, i svaku krilatu pticu prema njenoj vrsti. Šestog dana, On je stvorio stoku, sitne životinje koje se kreću po zemlji, i divlje životinje, a sve prema vrstama njihovim.

Čovjek stvoren po Božjem liku

Bog Stvoritelj je za šest dana stvorio okruženje u kome bi čovjek mogao da živi, a onda je stvorio čovjeka po Svom liku. On je blagosiljao čovjeka kao gospodara svih stvorenja, i rekao mu da ih ukroti i vlada nad njima.

Bog stvori čovjeka po obličju svom, po obličju Božjem stvori ga; muško i žensko stvori ih. I blagoslovi ih Bog, i reče im Bog: „Rađajte se i množite se, i napunite zemlju, i vladajte njom, i budite gospodari od riba morskih i od ptica nebeskih i od svih zveri što se miču po zemlji." (Postanak 1:27-28).

Onda, kako je Bog stvorio čovjeka?

Onda GOSPOD Bog stvori čovjeka od praha zemaljskog, i dunu mu u nos duh životni; i posta čovjek živo biće. (Postanak 2:7).

U ovom stihu, prah se odnosi na glinu. Vješti grnčar, koristeći kvalitetnu glinu, pravi zelenkasti glazirani porcelan ili bijeli porcelan od velike novčane vrijednosti. Sa druge strane, neki drugi grnčari prave neglaziranu grnčariju, crijep za krov ili cigle. Vrijednost nekog komada grnčarije uglavnom zavisi od toga ko ga je pravio, koliko je vješto napravljen, koja vrsta gline je korišćena i koja je vrsta grnčarije. Pošto je Svemogući Bog stvorio čovjeka po svom liku, kako divno je On to uradio? Nakon što je stvorio čovjeka po svom liku od prašine, Bog je dunuo u njegove nozdrve dah života, to jest, živu energiju. Tada čovjek postade živa duša. Dah života je moć, snaga, energija i duh Božji.

Bog dunu u čovjeka životni dah

Kada pomislite na proces kako fluorescentno svjetlo zrači, onda možete mnogo lakše da shvatite proces kojim je čovjek stvoren kao živa duša. Ako želite da učinite da fluorescentna svjetiljka zrači, vi morate da prvo pripremite jednu dobro napravljenu svjetiljku i priključite je. Ipak, ona ne može da zrači dok ne uključite električnu struju.

Televizijski aparat u vašoj kući radi isto. Vi ne možete da vidite ništa na ekranu prije nego što ga uključite, ali kad je uključen, možete da vidite i čujete svakojake vrste slika i zvukova. Vi možete da napravite slike vidljivim na ekranu jednostavnim uključivanjem televizora. Ipak, u kutiji televizora, složeni delovi su na veoma komplikovan način montirani.

Isto tako, Bog je stvorio ne samo čovječji oblik nego i unutrašnje organe i kosti u njemu od zemaljske prašine. On je stvorio vene kroz koje je tekla krv i nervni sistem koji je u potpunosti mogao da ostvaruje svoju funkciju. Božja moć može da pretvori prah u mekanu kožu ako i kad On poželi. Kao što dozvoljavamo struji da teče, On je udahnuo dah života u čovjeka. Onda je krv u njemu odmah počela da kruži, i čovjek je mogao da diše i da se pomjera.

Uz to, zato što je Bog stvorio i mjesto za memoriju u ljudskim moždanim ćelijama, ljudi u moždane ćelije ubacuju i pamte ono što čuju i osjećaju. Ono što je ubačeno i upamćeno postaje znanje, a znanje se reprodukuje kao misli. Kada vi koristite akumulirano znanje, vi to zovete mudrost.

Ljudska bića, iako puka stvorenja, su povećala svoju mudrost i znanje, i razvila civilizaciju sa složenom naukom. Sada, oni istražuju univerzum i prave kompjutere i ubacuju ogromne podatke u njih ili ih preslušavaju kako bi imali veću dobit iz kompjutera baš kao što je i Bog stvorio memorijske jedinice u moždanim ćelijama. Došli su toliko daleko da prave kompjutere sa vještačkom inteligencijom (A.I.) koji mogu da raspoznaju slova ili ljudski glas i mogu da komuniciraju sa drugima. Kako vrijeme prolazi oni će biti sve napredniji.

Koliko je bilo lakše Svemogućem Bogu Stvoritelju da napravi čovjeka od prašine sa zemlje i da mu udahne dah života da bi ga učinio živim stvorom! To je toliko lako za Boga koji može da napravi nešto iz ničega, ali je toliko čudno i nedokučivo za čovjeka (Psalmi 139:13-14).

Zašto Bog oplemenjuje ljudska bića?

Isus nas uči Božjem proviđenju kroz mnoga skrivena značenja. Zbog toga što ljudska svijest ne može razumjeti duhovno carstvo, da bi ste razumjeli On koristi zemaljske objekte u alegorijama.

Mnoga od njih se bave oplemenjivanjem. Na primjer, postoje alegorija o sijaču (Mateja 13:3-23; Marko 4:3-20; Luka 8:4-15), alegorija o gorušičinom sjemenu (Mateja 13:31-32; Marko 4: 30-32; Luka 13:18-19), alegorija o korovu u polju (Mateja 13:24-30, 36-43), alegorija o vinogradu (Mateja 20:1-16), alegorija o zakupcima (Mateja 21:33-41; Marko 12:1-9; Luka 20:9-16).

Ove alegorije nam pokazuju da, baš kao što farmeri čiste polje, siju sjeme, kultivišu ga i ubiru plodove, Bog formira i oplemenjuje ljudska bića na zemlji i On će razdvojiti žito od pljeve.

Bog želi da dijeli istinsku ljubav sa Svojom djecom

Bog ima ne samo božansku nego i humanu stranu. Božansko je moć sveznajućeg i svemogućeg Boga Stvoritelja lično, a humanost je svjest čovjeka. Tako, Bog je stvorio i upravlja svim univerzumom, ljudskom istorijom i životima. On takođe osjeća radost, ljutnju, tugu i zadovoljstvo, i želi da podijeli ljubav sa Svojom djecom.

Biblija nam toliko puta pokazuje da Bog ima ličnost kao i ljudska bića; Bog se raduje i blagosilja ljude kada oni, stvoreni po

Božjem liku, učine što je pravo, ali On žali i jeca u bijesu kada oni čine grijehove. Božja želja da komunicira sa Svojom djecom i da im daje dobre stvari je često izražena u Riječi Božjoj. Ako bi Bog imao samo božanske osobine, On se ne bi odmarao poslije šestodnevnog stvaranja univerzuma, i ne bi htio da ima prijateljstvo sa nama, govoreći: *„Molite se bez prestanka"* (1. Solunjanima Poslanica 5:17), i *„Zovi Me, i odazvaću ti se, i kazaću ti velike i tajne stvari, za koje ne znaš"* (Jeremija 33:3). Ponekada želiš da budeš sam, ali možeš biti srećniji kada si sa srodnom dušom istih pogleda koji ili koja može sa tobom da podijeli svoju ljubav. Isto tako, Bog je stvorio čovjeka po svom obličju zato što i On hoće da razmjeni svoju ljubav sa nekim. On oplemenjuje ljudske duhove na ovoj zemlji zato što On želi istinsku djecu koja mogu da razumiju njegovo srce i vole ga iz svojih srca.

Bog želi da se djeca povinuju po njihovoj sopstvenoj volji

Neki se možda pitaju zašto je Bog stvorio i podizao ljucka bića čak i pored toga što ima toliko poslušnih anđela i na nebu vojsku nebesku. Ipak, većina anđela nemaju ljudske karakteristike koje su najvažnije za uzajamno pružanje ljubavi. Drugim riječima, oni nemaju slobodnu volju da sami biraju. Oni se povinuju komandama kao roboti, ali ne mogu da osjete radost, srdžbu, tugu ili zadovoljstvo koliko i ljudska bića. Zbog toga, oni ne mogu da dijele ljubav sa Bogom iz dubine svojih srca.

Na primjer, pretpostavimo da vi imate dva djeteta. Jedno od njih samo izvršava vaša naređenja bez iskazivanja ikakvih emocija, mišljenja ili ljubavi kao neki dobro programirani robot. Drugo ponekad povrijedi vaša osjećanja, ali ubrzo zatim zažali zbog njegovih ili njenih djela, pripije se nježno uz vas, i izrazi svoju ljubav na mnogo načina. Onda, koje ćete više voljeti? Naravno, ovo drugo.

Pretpostavimo da imate robota koji kuva, čisti kuću i služi vas. Čak i tada, vi ne volite robota više nego vašu djecu. Nebitno je koliko možda robot naporno radi i koliko je možda uslužan, on ne može da zauzme mjesto vaše djece.

Isto tako, Bog više voli ljudska bića koja Mu se sopstvenom voljom sa razlogom i osjećanjima sa radošću povinuju, nego anđele i nebesku vojsku, koji se ponašaju kao roboti programirani za poslušnost. On daje ljudskim bićima slobodnu volju i Njegovu Riječ. Onda ih On uči šta je dobro i zlo i šta je put ka spasenju ili smrti. On strpljivo čeka dok oni ne postanu istinska djeca.

Božje oplemenjivanje ljudi sa roditeljskom ljubavlju

Napisano je u Postanku 6:5-6 da: „*I GOSPOD videći da je nevaljalstvo ljudsko veliko na zemlji, i da su sve misli srca njihovog svagda samo zle. Pokaja se GOSPOD što je stvorio čovjeka na zemlji, i bi mu žao u srcu.*"

Da li ovo znači da Bog nije znao ovu činjenicu kada je stvorio čovjeka? Apsolutno je da je On znao o tome. Bog je sveznajući i svemogući i On je znao sve prije nego što je počelo vrijeme. I pored toga, On je stvorio ljude i oplemenjuje ih.

Ako ste vi roditelji, vi vjerovatno ovo lakše razumijete. Koliko teško je izroditi djecu i podizati ih! Dok je žena trudna, javljaju se i traju po devet mjeseci mnoge vrste problema kao što je gađenje. Za vrijeme porođaja, majku obuzima velika bol. Da nahrane, obuku i izškoluju djecu, roditelji ulažu veliki napor i rade naporno i danju i noću. Kada djeca kasno dođu kući, njihovi roditelji brinu o njima. Kada se razbole, njihovi roditelji mnogo više pate nego djeca. Zašto roditelji odgajaju svoju djecu uprkos toj patnji i naporima? Razlog je to što roditelji žele da imaju nekoga sa kim mogu da podjele svoju ljubav, to jest, ko može da osjeti roditeljsku ljubav i voli svoje roditelje iz dubine duše. Roditeljima čak i ta patnja donosi sreću. Štaviše, ako djeca mnogo liče na svoje roditelje, kako divna su ona! Naravno, ne mogu sva djeca biti odana njihovom roditeljima. Neka djeca vole i poštuju svoje roditelje, dok ih druga ražalošćuju.

Isto tako, iako znaju za svu patnju vezanu za podizanje djece, roditelji takve stvari ne smatraju patnjom. Umjesto, toga oni ulažu ogromne napore, očekujući da njihova djeca odrastu zdravo i da im budu radost. Na isti način, Bog je znao da će ljudi biti neposlušni, iskvariti se i izazivati tugu, ali je takođe znao da će biti i neke istinske djece koja će dijeliti ljubav sa Njim. Stoga, Bog je stvorio ljudska bića i sa voljom ih odgaja.

Bog želi da bude slavljen od svoje istinske djece

Bog oplemenjuje ljudski duh na zemlji ne samo da bi dobio istinsku djecu nego i zato da bi bio slavljen kroz njih. Bog može da toliko mnogo dobije slavu od velike čete anđela i nebeske vojske. Kako bilo, šta On stvarno želi je da bude slavljen od Njegove oplemenjene, istinske djece iz dubine njihovih srca.

Bog kaže u Isaiji 43:7 da: *„Sve, koji se zovu Mojim imenom i koje Ja stvorih na slavu Sebi, sazdah i načinih."* i poučava vas u 1. Korinćanima Poslanica 10:31: *„Ako dakle jedete, ako li pijete, ako li šta drugo činite, sve na slavu Božiju činite."*

Bog je Stvoritelj, Ljubav i Pravednost. On je dao Njegovog jednog i jedinog Sina da nas spasi, i priprijemio nebesa i vječni život. On je više nego zaslužio da bude slavljen. Pored toga, On želi da uzvrati slavu onima koji daju slavu Njemu.

Zato vi treba da postanete istinska Božja djeca koja zauvijek mogu da djele ljubav sa Njim kroz razumijevanje zašto Bog želi da bude slavljen posredstvom Njegove duhovno-oplemenjene djece.

Bog razdvaja žito od pljeve

Farmeri kultivišu zemlju zato što žele da u izobilju ubiraju usjeve. Bog takođe kultiviše ljudske duše na zemlji da dobije istinsku djecu koja Ga ne samo vole i slave iz njihovih srca nego i vječno dijele ljubav sa Njim na nebesima.

Na žetvi se uvijek zajedno nalaze i žito i pljeva, tako da farmeri odvajaju žito od pljeve, skupe žito u svoje ambare, a pljevu sagore vatrom. Na isti način, Bog će odvojiti žito od pljeve na kraju kultivacije ljudskih duša.

Njemu je vila u ruci Njegovoj, pa će otrebiti gumno

svoje; i skupiće pšenicu svoju u žitnicu, a pljevu će sažeći ognjem vječnim. (Jevanđelje po Mateju 3:12).

Zato, vi morate čvrsto da vjerujete da Bog kultiviše ljudske duše na zemlji, i u Njegovo vrijeme On će skupiti žito-istinsku djecu,- na nebesima za vječni život, ali i izgoreti pljevu vječnom vatrom pakla.

Onda, hajde da pregledamo dalje koji to ljudi su žito i pljeva u Božjim očima, i kakva su mjesta nebesa i pakao.

Žito i pljeva

Žito simbolizuje one koji prihvate Isusa Hrista, hodaju u istini i dijele ljubav sa Bogom. Oni su djeca svjetla koja obnavljaju izgubljeni lik Božji, i rade sve što im Bog zapovjedi.

Sa druge strane, pljeva predstavlja one koji ne prihvataju Isusa Hrista, ili one koji tvrde da vjeruju ali ne žive po Božjoj Riječi, i prate svoje sopstvene zle želje.

1. Timoteju Poslanica 2:4 opisuje našeg Boga kao onog „*koji hoće da se svi ljudi spasu, i da dođu u poznanje istine.*" To jest, Bog želi da svi ljudi budu žito i uđu u carstvo nebesko. Bog na više načina pokušava da vas u ovo uvjeri i vodi vas ka putu spasenja. Ipak, neki ljudi se na kraju ogriješe o Božju volju i providenje u skladu sa svojom sopstvenog voljom. Ovi ljudi pred Bogom nisu bolji od zvijeri zato što su oni izgubili ljudske vrijednosti.

Farmeri pale pljevu u vatri ili je koriste kao đubrivo jer kad bi u ambaru skladištili žito i pljevu zajedno, žito bi istrulelo. Zato, Bog neće da pusti pljevu u carstvo nebesko gde će biti žito. Za razliku od životinja, čovjek ima vječiti duh zato što je Bog udahnuo u njega dah života kada ga je stvorio. Zato Bog ne može da uništi pljevu, ili ih poništiti. Neizbježno je da Bog sakupi žito na nebesima i dopusti mu da uživa vječnu sreću, i da zauvek sagori pljevu u vječnoj vatri pakla. Stoga, morate da imate ovu činjenicu na umu da ne bi bili bačeni u vatru pakla.

Ljepota raja i užas pakla

Sa jedne strane, raj je previše lijep da mi mogao da se uporedi sa bilo čim na ovom svijetu. Na primjer, cvijeće na ovom svijetu brzo vene, ali cvijeće u raju niti vene niti opada zato što je sve u raju vječno. Putevi su napravljeni od čistog zlata koje je prozračno kao staklo, Rijeka Života protiče i sija kao čist kristal a kuće su napravljene od raznovrsnog blistavog dragog kamenja. Sve je toliko lijepo da ostavlja bez daha (molimo pogledajte knjige *Raj I & II*).

Sa druge strane, pakao je tamo gde crvi ne umiru, i vatra se ne gasi. Svi će tamo biti ognjem posoljeni (Jevanđelje po Marku 9:48-49). Štaviše, u paklu je i jezero gorućeg sumpora koje je sedam puta vrelije od jezera ognjenog (Otkrivenje Jovanovo - Apokalipsa 20:10, 15). Nespašeni ljudi moraju zauvijek da žive u jezeru neutoljive vatre ili u jezeru gorućeg sumpora. Kako užasno i strašno je vječno živjeti u paklu (molimo pogledajte knjigu

Pakao)!

Zbog toga Isus je i rekao u Jevanđelju po Marku 9:43 da *„i ako te ruka tvoja sablažnjava, odsijeci je; bolje ti je bez ruke u život ući, negoli s obe ruke ući u pakao, u oganj vječni.*"

Zašto Bog ljubavi mora da napravi oba, užasni pakao i prelepi raj? Ako bi zlim ljudima bilo dozvoljeno da uđu u mjesto gde obitavaju oni koji su dobri i dopadljivi Bogu, to bi bilo bolno za dobre ljude i raj bi bio zagađen zlom. Ukratko, Bog je napravio pakao jer voli ljudska bića i želi da priušti Svojoj djeci samo najbolje.

Sud Velikog bijelog prijestolja

Baš kao što farmer sije sjeme i žanje ga iz godine u godinu, Bog oplemenjuje ljudske duše još od kada je Adam isteran iz Rajskog vrta i činiće to sve dok Isus ponovo ne dođe.

Bog je pokazao Svoju volju praocima vjere kao što su Noje, Avram, Mojsije, Jovan Krstitelj, Petar i apostol Pavle. Danas, On konstantno oplemenjuje ljudske duše kroz Svoje svještenike i radnike. Ipak, kao što i kraj neizostavno dolazi poslije početka, oplemenjivanje ljudskih duša neće trajati vječno.

2. Petrova Poslanica nam kaže: *„Ali ovo jedno da vam ne bude nepoznato, ljubazni, da je jedan dan pred Gospodom kao hiljadu godina, i hiljadu godina kao jedan dan.*" Baš kao što se Bog odmarao sedmog dana poslije šestodnevnog stvaranja univerzuma, Isusov dolazak i Novi milenijum, period Sabata će

doći šest hiljada godina nakon Adamove neposlušnosti. Poslije toga, kroz Sud Velikog bijelog prijestolja, Bog će dozvoliti žitu da uđe u raj, a pljevu će baciti u vatru pakla.

Zato se ja molim u ime Gospoda Isusa Hrista da duboko razumijem Božje proviđenje i ljubav oplemenjivanja ljudskih bića, da vodim blagosloveni život i slavim Boga sa žarkom nadom za raj.

Poglavlje 3

DRVO SPOZNAJE DOBRA I ZLA

- Adam i Eva u Rajskom vrtu
- Adam nije poslušao svojom sopstvenom voljom
- Nadnica za grijeh je smrt
- Zašto je Bog postavio drvo spoznaja u Rajskom Vrtu?

*I uzevši GOSPOD Bog čovjeka
namjesti ga u vrtu edemskom, da ga
radi i da ga čuva. I zaprijeti Gospod
Bog čovjeku govoreći: „Jedi
slobodno sa svakog drveta u vrtu; ali
s drveta poznanja dobra i zla, s njega
ne jedi, jer u koji dan okusiš s njega,
umriječeš. "*

Postanak 2:15-17

Oni koji ne znaju veliku ljubav Boga Stvoritelja i Njegovo duboko i mudro proviđenje za podizanje Njegove istinske djece mogu da pitaju: „Zašto je Bog postavio drvo poznanja dobra i zla u Rajskom vrtu?" „Zašto je On dozvolio da prvi čovjek ode na put uništenja?" Oni misle da čovjek možda ne bi umro i zauvijek bi uživao srećan život u Rajskom vrtu samo da Bog nije tamo postavio drvo.

Neki od njih čak i govore stvari u smislu „Bog nije znao unaprijed da će Adam pojesti voćku sa drveta poznanja dobra i zla" zato što oni ne vjeruju u Božje sveznanje i svemoć. Da li je On postavio drvo u Rajskom vrtu uz loše sagledavanje stvari, bez da je znao Adamovu buduću neposlušnost? Ili, da li je Bog namjerno stavio drvo poznanja i poveo čovjeka ka smrtnom životu? Naravno da nije!

Onda, zašto je Bog postavio drvo poznanja dobra i zla na sredini Rajskog vrha? Zašto Adam nije poslušao Božju komandu pa je zapao u smrtni život?

Adam i Eva u Rajskom vrtu

Bog stvori čovjeka od praha zemaljskog, i dunu mu u nos duh životni; i posta čovjek živo biće (Postanak 2:7). Živo biće je duhovno biće koje nema nikakvo znanje kada je stvoreno prvi put. Hajde da uzmemo lakši primjer. Novorodena beba nema razum i znanje. Beba ima sistem pamćenja u njenom mozgu, ali nikad nije vidjela ni čula nešto, niti je učena nečemu. Tako da beba može samo da se ponaša po instinktu. Na isti način, Adam nije imao duhovni razum ili znanje kada je po prvi put postao živo biće.

Adam je naučio znanje života od Boga

Bog je posadio vrt na istoku, u Edenu, i stavio Adama tamo. Bog je dao Adamu znanje života i istinu jedan na jednog, šetajući tamo s njim tako da je On mogao da učini da Adam kontroliše i upravlja Rajskim vrtom.

U Postanak 2:19 čitamo: „*Jer GOSPOD Bog stvori od zemlje sve zvijeri poljske i sve ptice nebeske, i dovede k čovjeku da vidi kako će koju nazvati, pa kako čovjek nazove koju životinju onako da joj beše ime.*" Adam je bio potkovan znanjem života dovoljno da vlada nad svim stvarima.

Takođe, Bogu se činilo da nije dobro da Adam bude sam. Stoga, Bog je učinio da utone u duboki san da bi mu napravio prikladnog pomoćnika. Bog je uzeo jedno od čovjekovih rebara i obložio ga mesom dok je čovjek spavao. Onda je On stvorio ženu od rebra koje je izvadio iz čovjeka, i doveo ju je kod čovjeka. Bog je učinio da se čovjek sjedini sa svojom ženom, i oni su postali jedno tijelo (Postanak 2:20-22).

Ovo nije bilo zbog toga što se Adam osećao sam po sebi

usamljenim već zato što je Bog bio sam dugi period vremena prije početka postojanja vremena i znao je šta znači samoća.

Božja velika ljubav i milost vodili su Ga da stvori Adamovog pomoćnika i On, znajući Adamovu situaciju unaprijed, blagoslovio je čovjeka i njegovu ženu da budu plodni, napredni, i da ispune zemlju.

Adamov dug život u Rajskom vrtu

Onda, koliko dugo su Adam i njegova žena Eva živjeli u Rajskom vrtu? Biblija ne diskutuje o ovome u detaljima, ali morate znati da su živjeli tamo mnogo duže nego što većina ljudi misli.

Biblija nam govori o ovim činjenicama u samo nekoliko stihova. Otuda mnogi ljudi misle da je Adam pojeo zabranjeno voće i dopao propasti nedugo nakon što ga je Bog smjestio u Rajski vrt. Neki od njih pitaju: „Biblija kaže da je istorija ljudskog postojanja šest hiljada godina, ali kako objašnjavate mnoge fosile koji datiraju od prije nekoliko stotina hiljada godina?"

Istorija ljudskog oplemenjivanja u Bibliji je oko 6.000 godina, a počinje u vrijeme kada su Adam i Eva bili istjerani iz Raja. To ne uključuje dugačko vrijeme tokom kojeg su oni prije toga živjeli u Rajskom vrtu. Kako je dugo vremena prošlo, desile su se velike geološke i geografske promjene, kao što su reakcije zemljine kore i više ciklusa razmnožavanja i izumiranja, koje su se odigrale na ovoj zemlji. Kao što je raspravljano u Poglavlju 1, mnogi fosili svjedoče o ovoj činjenici.

Baš kao što je Bog blagoslovio Adama i njegovu ženu u Postanku 1:28, prvi čovjek Adam, prije nego što je bio proklet, šetao je sa Bogom, i tokom dugog perioda izrodio mnogo dece i ispunio Rajski Vrt. Kao gospodar svih stvorenih stvari, Adam se pokorio i upravljao je i zemljom i Rajskim Vrtom.

Adam nije poslušao svojom sopstvenom voljom

Bog je dao i Adamu i Evi slobodnu volju i dozvolio im da uživaju u izobilju i radosti Rajskog vrta. Ipak, bila je jedna stvar koju je Bog zabranio. Bog im je naredio da ne jedu sa drveta poznanja dobra i zla.

Da je Adam razumio Božje duboko srce i volio Ga iskreno, on ne bi pojeo zabranjeno voće zato što je znao Božje naređenje. Međutim, on se nije pokorio ovom posebnom naređenju zato što nije volio Boga iskreno.

Bog je smjestio drvo poznanja dobra i zla u Rajskom vrtu i uspostavio strogi zakon između Boga i čovjeka. On je dozvolio čovjeku da zadrži komandu po svojoj sopstvenoj volji. To je zato što je želio da odgaji iskrenu djecu koja će Mu se pokoravati iz dubine njihovih srca.

Adam je zanemario Riječ Božju

U Bibliji, Bog često obećava blagoslove onima koji se pokoravaju svim Njegovim naređenjima i obaziru se na Riječ

Njegovu (Knjiga Ponovljenih Zakona 15:4-6, 28:1-14). Ipak, ko se pokorava svim Njegovim naređenjima? Čak i Biblija priznaje da ima samo nekoliko njih na ovom svijetu koji to mogu.

Bog je morao da nauči prvog čovjeka Adama da će on uživati u vječnom životu i blagoslovima sve dok se pokorava Bogu, ali i da će dopasti vječne smrti ako ne sluša Boga. Bog ga je upozorio da ne jede sa drveta poznanja dobra i zla. Ipak, Adam i Eva su ignorisali naredbu Božju, i jeli su zabranjeno voće. Satana je pokušavao da omete Božji plan u podizanju iskrene i duhovne djece od samog početka. Na kraju, Satana je uspeo da ih primami da jedu to pomoću zmije koja je bila lukavija od svih ostalih divljih životinja (Postanak 3:1). Adam i Eva se nisu pokorili Božjem naređenju. Kako se, onda, Adam nije pokorio naređenju Božjem iako je bio živi duh, a Bog ga je učio samo istini?

U Postanku 2:15, nalazimo da je Bog učinio da Adam vodi i brine se o Rajskom vrtu. Adam je dobio moć i autoritet od Boga da gospodari i čuva to. Bog je učinio da on to čuva kako ne bi neprijatelj đavo i Satana provalili. Bez obzira na to, Satana nije propustio da kontroliše zmiju i zavede Adama i Evu pomoću zmije. Kako je ovo bilo moguće?

Jednom riječju, Satana je zao duh koji ima vlast nad kraljevstvom vazduha. Satana nema oblik. U Poruci Efežanima 2:2, za Satanu se kaže da je princ moći vazduha, sa duhom koji sada djeluje u sinovima neposlušnosti.

Zato što je Satana kao radio talasi koji putuju vazduhom, Satana je mogao da kontroliše zmiju u Rajskom vrtu da zavede Adama i Evu. Postanak 1 pokazuje ponovljenu posebnu frazu.

Na kraju svakoga dana stvaranja, Biblija ponavlja: „Bog je vidio da je to dobro." Ova fraza nije izgovorena drugoga dana kada je prostor bio napravljen.

Opet, u Poruci Efežanima 2:2 govoreći o vrijemenu: „*u kojima nekad hodiste po vijeku ovog svieta, po princu koji vlada u vjetru, po duhu koji sad radi u sinovima protivljenja.*" Bog je predvidio da će zli duhovi imati vlast nad vazdušnim kraljevstvom.

Eva je podlegla zmijinom iskušenju

Zmija je prosto jedna od životinja u polju. Kako je uspjela da dovede u iskušenje Evu da se ne pokori Božjem naređenju?

U Rajskom vrtu, ljudi su mogli da komuniciraju sa svim živim bićima kao sto su cvijeće, drveće, ptice, zvijeri, i tako dalje. Eva je takođe mogla da komunicira sa zmijom. Ispočetka, ljudi su voleli zmije i bili su u dobrim odnosima sa njima za razliku od današnjih dana. One su bile umiljate, čiste, duge, oble i pametne, pa im je Eva bila naklonjena. One su nju dobro znale i udovoljavale joj. Slučaj je isti sa kučićima kojima su vlasnici naklonjeni zato što su oni pametniji i slušaju bolje od bilo koje druge životinje.

Ipak, mnogi ljudi kažu: „Zmije su užasne, otrovne, i odvratne." Oni ne vole zmije skoro instiktivno zato što su zmije one koje su obmanule prvog čovjeka Adama i njegovu ženu Evu da se ne pokore naređenju i gurnule ih na put smrti.

Da razumijete narav zmije, morate razumijeti osobine pravog

zemljišta. Svako zemljište ima različite sastojke koji su u različitoj proporciji pomješani u njemu. U odnosu na elemente dodate zemljištu, zemljište može postati dobro ili loše. Kada je Bog stvorio sve vrste zvijeri na zemlji i sve vrste ptica u vazduhu, On je odabrao svako zemljište koje odgovara svakoj životinji (Postanak 2:19). Bog nije odmah učinio da zmija bude lukava. Bog ju je stvorio dovoljno mudrom da je čovjek zavoli. Ipak, zmija je postala lukava pošto je kroz nju prošla zla narav. Da zmija nije primila Satanin glas već da je samo sprovodila Božju volju, postala bi pametna i dobra životinja. Međutim, zato što je poslušala i pokorila se Sataninom glasu, zmija je postala lukava životinja koja je namamila Evu da zapadne u smrtnost.

Zato što je Eva promjenila Riječ Božju

Zmija je znala šta je Bog rekao Adamu: „*Jedi slobodno sa svakog drveta u vrtu; ali s drveta od znanja dobra i zla, s njega ne jedi; jer u koji dan okusiš s njega, t i ćeš sigurno umrijeti.*" (Postanak 2:16-17). Tako je zmija lukavo pitala Evu: „*Je li istina da je Bog kazao da ne jedete sa svakog drveta u vrtu?*" (Postanak 3:1)

Kako je Eva odgovorila zmiji?

Mi jedemo rod sa svakog drveta u vrtu; samo rod s onog drveta usred vrta, kazao je Bog: „Ne jedite i ne dirajte u nj, da ne umrete." (Postanak 3:2-3)

Bog je Adama jasno upozorio: „*Ali s drveta od znanja dobra i zla, s njega ne jedi; jer u koji dan okusiš s njega, ti ćeš sigurno umrijeti.*" (Postanak 2:17). On je istakao da oni neće nikad biti živi ako jedu sa tog drveta. Ipak, Evin odgovor nije bio tako jasan. Ona je samo odgovorila neodređeno: „Ti ćes umrijeti." Izostavila je reč „sigurno." Drugim riječima, ona je mislila: „Ako ti jedeš zabranjeno voće, možda hoćeš ili možda nećeš umrijeti."

Ona nije mislila na naređenje Božje i malo je posumnjala u Riječ Božju. Kada je zmija čula za njen nesiguran i sumnjičav odgovor, još upornije je nastojala da je namami. Čak je izvrnula Božje naređenje. Zmija je rekla ženi: „Nećeš doista umrijeti." Počela je da mijenja naređenje Božje i ohrabruje ženu: „*Nego zna Bog da će vam se u onaj dan kad okusite s njega otvoriti oči, pa ćete postati kao Bog i znati šta je dobro šta li zlo*" (Postanak 3:5). Ona ju je kušala ponovo, još više podstičući njenu radoznalost.

Eva nije poslušala svojom sopstvenom voljom

Nakon što je Satana udahnuo griješne želje u ženu uz pomoć njene lažne misli, drvo joj je izgledalo drugačije od onoga što je ona znala do tada. Postanak 3:6 kaže: „*I žena videći da je rod na drvetu dobar za jelo i da ga je milina gledati i da je drvo vrlo drago radi znanja, ubra rod s njega i okusi, pa dade i mužu svom, te i on okusi.*"

Trebalo je da odagna zmijino kušanje glatko i potpuno. Strasne želje griješnika, pohota njenih očiju i oholost života su je obuzeli, i odveli je u grijeh neposlušnosti.

Neki kažu: „Zar nisu Adam i Eva jeli voće sa drveta poznanja dobra i zla zato što su oni imali „grješnu narav" u sebi?" Oni u sebi nisu imali grješnu narav nego samo dobrotu prije nego što nisu poslušali. Oni su imali samo svoju slobodnu volju kojom su odlučili da li da pojedu ili da ne pojedu zabranjeno voće protiv Božje komande. Kako je vrijeme prolazilo, oni su zanemarili Božju komandu. Onda ih je Satana kušao uz pomoć zmije i oni su podlegli iskušenju. Na taj način, gijreh ih je prožeo i oni su narušili red koji je Bog bio uspostavio. To je sličan slučaj sa dječjim odrastanjem u zlu. Čak i dijete koje je zlobno po djelima i na riječima nije uvek tako zlo i rđavo od svog rođenja. Na početku, ono imitira nepristojne riječi druge djece ili psuje bez da zna šta to znači. Ili može da prati primer nekog dječaka koji tuče drugo dijete i da uživa dok udara druge dječake i dok ih gleda kako plaču. Tako on ponovo udara druge i zlo je začeto i raste u njemu.

Na isti način, Adam nije imao grješnu narav od početka. Kada se on ogriješio o Božju komandu i svojom sopstvenom voljom jeo sa drveta, grijeh je začet i zlo je uspostavljeno u njemu.

Nadnica za grijeh je smrt

Baš kao što Bog rekao Adamu: „Ti ne smiješ da jedeš sa drveta poznanja dobra i zla. Kada budeš pojeo sa njega ti ćeš zasigurno umrijeti." Adam i Eva su zaista umrli nakon što su jeli plod sa drveta. U Jakovljevoj Poslanici 1:15 se kaže: „*Tada zatrudnevši slast rađa grijeh; a grijeh učinjen rađa smrt.*" Poslanica Rimljanima 6:23 uči vas zakonu duhovnog carstva o posljedici grijeha: „*Nadnica za grijeh je smrt.*" Razmotrimo kako je smrt dopala Adamu i Evi zbog njihove neposlušnosti.

Smrt njihovih duhova

Bog je jasno rekao Adamu: „Sa drveta od poznaje dobra i zla, s njega ne jedi; jer u koji dan okusiš s njega, sigurno umrijećeš." Ipak, oni nisu umrli odmah nakon što su odbili da poslušaju Božju zapovjest. Živjeli su veoma dugo i izrodili još mnogo djece. Onda, koja je to „smrt" na koju je Bog upozorio?

On nije mislio na smrt njihovih tijela nego na smrt njihovog duha. Ljudi su stvoreni sa duhom koji može da komunicira sa Bogom, dušom koja je sluga njihovog duha, i tijelom u kome obitavaju njihov duh i duša. U 1 Poslanici Solunjanima 5:23 se kaže da su ljudi sastavljeni od duha, duše i tijela. Kada Adam i Eva nisu poslušali Božju komandu, njihovi duhovi, gospodari čovječji, umrli su.

Bog je neokaljan i bez mrlje, i Onaj Sveti koji obitava u nedodirljivom svjetlu, tako da griješnici ne mogu biti sa Njim. Adam je mogao da komunicira sa Bogom kada je bio živ duh, ali nije više moga da komunicira sa Bogom nakon što je njegov duh umro zbog grijeha.

Početak bolnog života

Rajski vrt je bio bogato i lijepo mjesto gde nije bilo brige i nervoze, i Adam i Eva su mogli da žive tamo zauvek hraneći se sa drveta života. Ali oni su oterani iz Rajskog vrta nakon što su zgriješili. Od tog momenta pa nadalje, njihove muke i nevolje su počele. Žena je počela da ima bolove pri porođaju. Ona je počela da žudi za mužem a njen muž je počeo da vlada nad njom. Tek pošto bi čovjek obradio groznu zemlju grubim, bolnim i napornim radom, on je mogao da jede sa nje cijelog svog života (Postanak 3:16-17).

Bog govori Adamu u Postanku 3:18-19: *„Trnje i korov će ti rađati, a ti ćeš jesti zelje poljsko; Sa znojem lica svog ješćeš hleb, dokle se ne vratiš u zemlju od koje si uzet; jer si prah, i u prah ćeš se vratiti.“* Kroz ove stihove, Bog implicira da se čovjek mora vratiti u šaku prašine.

Zato što je Adam, praotac cijelog čovječanstva, počinio grijeh neposlušnosti i njegov duh je umro, svi njegovi potomci su rođeni kao griješnici i idu u smrtni život.

Poslanica Rimljanima 5:12 beleži Adamovo trajno zaveštanje: *„Zato, kao što kroz jednog čovjeka dođe na svijet grijeh, i kroz grijeh smrt, i tako smrt uđe u sve ljude, jer svi sagriješiše.“*

Svi ljudi su rođeni sa praroditeljskim grijehom

Bog omogućava ljudima da budu plodni i uvjećavaju se

brojčano kroz sjeme života koje im On daje kada ih stvara. Ljudi se začinju sjedinjavanjem spermatozoida i jajne ćelije koje Bog daje svakom čovjeku i ženi kao sjeme života. Zato što spermatozoid i jajna ćelija imaju karakteristike roditelja, beba začeta sjedinjavanjem spermatozoida i jajne ćelije odslikava njegov ili njen roditeljski izgled, osobine, ukuse, navike, želje, način hoda i tako dalje.

Na taj način, Adamova griješna narav je prenesena na sve njegove potomke nakon što je praotac svih ljudi Adam zgrešio. To je nazvano „praroditeljski grijeh." Adamovi nasljednici su rođeni sa praroditeljskim grijehom. Tako, svi ljudi su neminovno griješnici.

Neki nevjernici prigovaraju: „Kako ili zašto sam ja griješnik na ovom svijetu? Ja nisam počinio grijeh." Ili drugi pitaju: „Kako Adamov gijreh može biti prenesen na mene?"

Hajde da uzmemo primjer djeteta. Majka dojilja ima dijete koje još nije godinu dana staro. Ona doji neko drugo dijete na očigled svog djeteta. Vrlo je vjerovatno da se ta beba uznemiri i pokuša da odgura drugu bebu. Ako majka ne prestane da doji tu drugu bebu ili beba ne prestane da sisa njenu sisu, njeno dijete može da gurne ili udari majku ili drugu bebu. Ako majka nastavi da daje mleko drugoj bebi, njena beba može da brizne u plač.

Čak iako niko nije učio ovu malu bebu zavisti, ljubomori, mržnji, pohlepi ili udaranju, beba je imala te zle stvari u svojoj svijesti od kako je rođena. Ova činjenica objašnjava da su ljudi rođeni sa praroditeljskim grijehom koji je nasljeđen od njihovih roditelja.

Koliko još više svaka osoba sama griješi kroz život? Vi morate da razumijete da je grijeh pred Bogom koji svjetlost, ne samo griješna djela nego i bilo koja vrsta zla u nečijem umu. Bog opaža i gleda zlo u umu kao što je mržnja, pohlepa, osuđivanje, i još mnogo toga.

Zato nas Biblija uči da u Božjim očima niko neće biti smatran pravednim samo zato što se pridržava zakona, i da će svim ljudima biti uskraćena slava Božja jer su griješili (Poslanica Rimljanima 3:20, 23).

Ne samo ljudi, nego su i sve stvari proklete

Kada je Adam, koji je bio gospodar svih stvari, zgriješio i bio proklet, sva zemlja i domaće životinje, sve zvijeri na zemlji i ptice na nebu su prokleti zajedno sa njim. Od tada su nastali štetni i otrovni insekti kao što su mušice ili komarci koji prenose razne vrste boljesti.

Zemlja je počela da rađa trnje i korov, a čovjek je mogao da žanje biljke samo uz bolan, naporan rad i u znoju svoga lica. Ljudi su bili prinuđeni da se suoče sa suzama, tugom, bolom, bolestima, smrću i slično, zato što su prokleti na ovom svijetu.

Zato, u Poslanici Rimljanima 8:20-22 piše: *„Jer se tvar pokori propadljivosti (ne od svoje volje nego za volju onog koji je pokori) na nadu. Da će se i sama tvar oprostiti od ropstva raspadljivosti na slobodu slave djece Božje. Jer znamo da sva tvar uzdiše i tuži s nama do sad.“*

Onda, kako je zmija prokleta? U Postanku 3:14 Bog je rekao lukavoj zmiji koja je navela čovjeka na grijeh: *„Kad si to učinila, da si prokleta mimo svako živinče i mimo sve zvijeri poljske;*

na trbuhu ćeš da ideš a prah ćeš da jedeš jedeš do svog vijeka. " Zmije, ipak, ne jedu prašinu nego žive životinje poput ptica, žaba, miševa ili insekata. Bog je jasno rekao: „A prah ćeš da jedeš jedeš do svog vijeka." Kako biste vi objasnili ovaj stih?

„Prah" ovde simbolizuje „ljude koji su napravljeni od prašine zemaljske" (Postanak 2:7), a „zmija" simbolizuje neprijatelja đavola i Satanu (Otkrovenje 20:2). „Prah ćeš da jedeš jedeš do svog vijeka" simbolizuje da Satana i đavo proždiru ljude koji ne žive po Riječi Božjoj nego radije hodaju u mraku.

Čak se i Božja djeca suočavaju sa mukama i nevoljama koje im Satana i đavo prouzrokuju ako počine zlo i grijeh protiv Božje volje. Danas, Satana i đavo tumaraju okolo kao lav koji riče, tražeći koga da prožderu (1. Petrova Poslanica 5:8). Ako bi našli koga, oni bi podjarmili njega ili nju pod prokletstvom grijeha i odvukli osobu na put uništenja. Ako je moguće, oni pokušavaju da navedu na iskušenje čak i Božju djecu.

Satana i đavo iskušavaju one koji kažu: „Ja vjerujem u Boga," ali nisu sigurni u Božju Riječ, i vode ih u smrtni život. Obično, Satana i đavo pokušavaju da vas navedu na iskušenje kroz one koji su vam najbliži, kao što je vaš bračni drug, prijatelj i rođaci - kao što su naveli na iskušenje Evu uz pomoć zmije, koja je bila jedna od njenih najomiljenijih ljubimaca.

Na primjer, vaš bračni drug ili prijatelj mogu da pitaju: „Zar nije dovoljno da prisustvuješ samo nedjeljnom jutarnjem bogosluženju? Da li takođe uvek moraš da prisustvuješ i nedjeljnom vječernjem bogosluženju?" ili „Da li uvek daješ sve od sebe da se svakog dana okupite?" „Bog vidi i zna čak i najdublju intimu tvog srca zato što je On sveznajući i svemoguć. Da li moraš bezuslovno da uzvikuješ u molitvi?"

Bog vam je zapovjedio da pamtite dan Sabata i održavate ga svetim (Izlazak 20:8), nastojite da se okupite u ime Gospoda (Poslanica Jevrejima 10:25) i uzvikujete u molitvi (Jeremija 33:3). Satana ne može ni da iskuša, ni da navede na grijeh one koji potpuno žive u Božjoj Riječi (Jevanđelje po Mateju 7:24-25).

Baš kao što se kaže u Poslanici Efežanima 6:11: *„Obucite se u sve oružje Božje, da biste se mogli održati protiv lukavstva đavolskog,"* vi morate da se opremite sa Božjom Riječju Istine i sa vjerom, hrabro otjerate neprijatelja đavola i Satanu.

Zašto je Bog postavio drvo poznanja u Rajskom Vrtu?

Bog je postavio drvo poznanja dobra i zla u Rajskom vrtu ne da ljude otjera u propast nego da im podari istinsku sreću. Ne shvatajući Njegov duboki plan, mnogi ljudi pogrešno tumače ljubav i pravednost Božju i čak ne vjeruju u Boga. Oni žive sumoran beživotni život u nemogućnosti da nađu svrhu u životu.

Zašto je, onda, Bog postavio drvo poznanja dobra i zla u Rajskom Vrtu i zašto vam to donosi velike blagoslove?

Adam i Eva nisu spoznali istinsku sreću

Rajski vrt je bio veoma lijep i bogat da vi to ne možete da zamislite. Bog je stvorio razne vrste drveća koje je izrastalo iz zemlje. Ovo je bilo ugodno za oči i dobro za jelo. Na sredini vrta bilo je drvo života i drvo poznaje dobra i zla (Postanak 2:9). Zašto je, onda, Bog postavio drvo poznaje dobra i zla na sredini vrta zajedno sa drvetom života tako da se može dobro vidjeti? Bog nikad nije imao namjeru da ih navede na put uništenja tako što bih doveo u iskušenje da jedu sa drveta. Postojalo je proviđenje Božje da nam dozvoli da razumijemo uslovljenost kroz drvo poznaje dobra i zla i postanemo Njegova istinska i duhovna djeca koja mogu da osjete Njegovo srce.

Dok doživljavaju suze, tugu, siromaštvo ili boljesti, ljudi mogu da pomisle da Adam i Eva mora da su bili veoma srećni u Rajskom vrtu zato što nisu doživljavali muke poput suza, tuge, siromaštva, ili bolesti na ovom svijetu. Kako bilo, ljudi u Rajskom vrtu nisu znali ni istinsku sreću ni istinsku ljubav zato što oni nisu iskusili uslovljenost.

Hajde da uzmemo jedan primjer. Imamo dva dječaka. Jedan je rođen i odrastao u siromaštvu, dok je drugi rođen u izobilju i uživao je u njemu. Ako kao poklon date svakom od njih veoma skupu igračku, kako će oni reagovati na to? Sa jedne strane, dječak koji je rastao u izobilju neće biti toliko zahvalan zato što on malo primjećuje vrijednost igračke. Sa druge strane, dječak koji je odrastao u siromaštvu će biti veoma zahvalan i cijeniti igračku kao veoma dragocijenu.

Istinska sreća dolazi kroz uslovljenost

Na isti način, oni koji iskuse odgovarajuća djela slobode ili izobilja znaju i uživaju u istinskoj sreći ili istinskoj slobodi. Ne kao u Rajskom vrtu, na ovome svijetu postoje mnoge međusobno povezane stvari. Ako želite da osjetite i uživate u istinskoj vrijednosti bilo čega, vi morate da osjetite stvari povezane sa njom. Vi ne možete da shvatite istinsku vrijednost nečega dok ne doživite njegove suprotnosti.

Na primjer, ako hoćete da spoznate istinsku sreću, vi morate da osjetite nesreću. Ako želite da znate vrijednost istinske ljubavi, morate da osetite mržnju. Vi ne možete da shvatite u potpunosti vrijednost vašeg zdravlja dok ne dobijete bolove zbog bolesti ili lošeg zdravlja. Vi nećete da shvatite vrijednost vječnog života i nećete biti zahvalni Bogu Ocu koji sprema raj za dobre dok ne shvatite da smrt i pakao zaista postoje.

Prvi čovjek Adam je uživao u svemu što je poželio da pojede i imao je vlast da upravlja svim stvarima u Rajskom vrtu. On je dobio sve to bez imalo napornog rada ili znoja na čelu. Iz tog razloga, on nije izrazio zahvalnost Bogu koji mu je sve to dao, niti je spoznao Njegovu milost i ljubav u svom srcu.

Kasnije, Adam nije poslušao naređenje Božje time što je pojeo voće. On je bio živi duh do tada, ali nakon što je zgriješio, njegov duh je umro, a on je postao čovjek od mesa. On i njegova žena su bili istjerani iz Rajskog vrta i došli su da žive na ovoj zemlji. Počeo je da preživljava ono što nikad nije osetio u Rajskom vrtu: suze, žalost, bolesti, bol, nesreću, smrt, i tako dalje. Konačno, sveo se na to da iskusi sve što je suprotno od sreće u Rajskom vrtu.

U takvom toku zbivanja, Adam i Eva su mogli da razumiju i osjete kako radost i tuga izgledaju i koliko vrijedne su bile sloboda i bogatstvo koje im je Bog dao u Rajskom vrtu.

Vaš život će biti besmislen ako zauvijek živite a da ne znate šta su to radost i tuga. Čak i ako imate teškoća sada, vaš život će biti mnogo vrjedniji i smisleniji ako možete da osjetite pravu sreću kasnije.

Na primjer, čak iako roditelji očekuju da će se njihova djeca patiti tokom studija, oni ipak puštaju svoju djecu u školu. Ako oni vole svoju djecu, roditelji će spremno pomoći svojoj djeci da naporno studiraju ili da dožive mnogo dobrih stvari. To je isti slučaj sa srcem Boga Oca koji je poslao ljude na ovaj svijet i oplemenio ih kao Njegovu istinsku djecu kroz razna iskustva.

Iz istog tog razloga, Bog je postavio drvo poznanja dobra i zla u Rajskom vrtu i nije odvratio Adama i Evu da svojom slobodnom voljom jedu sa njega. On je planirao sve stvari kako bi ljudi iskusili sve vrsti radosti, ljutnje, žalosti i zadovoljstva na ovom svijetu i postali Njegova istinska djeca kroz ljudsko oplemenjivanje.

Kroz bolna iskustva, oni su konačno mogli da u dubini svojih srca razumiju pravu vrijednost i značenje tih stvari jednu za drugom.

Zato što će saznati i osjetiti pravu sreću kroz ljudsko oplemenjivanje, Božja djeca neće izdati Boga ponovo, kao što je to učinio Adam u Rajskom vrtu, bez obzira koliko vremena prođe. Umjesto toga, oni će Ga voljeti sve snažnije, postaće ispunjeni radošću i zahvalnošću i više će Ga slaviti.

Iskrena sreća u Raju

Božija djeca koja su na ovom svijetu iskusila suze, žalost, bol, boljesti, smrt i tako dalje, ući će u vječiti raj i tamo zauvijek uživati u vječnoj sreći, ljubavi, radosti i hvali. Oni će osetiti radost savršene sreće u Raju. U ovom materijalnom svijetu, sve truli i umire, ali nema truljenja, smrti, suza, i žalosti u vječnom nebeskom kraljevstvu. Zlato se smatra najvrijednijim na ovom svijetu, ali svi putevi u Novom Jerusalimu u Raju su napravljeni od čistog zlata. Rajske kuće su napravljene od veoma lijepog i skupog dragog kamenja. Koliko čudesne i prelijepe su one!

Ja sam smatrao zlato ili drago kamenje najvrijednijima dok nisam spoznao Boga, ali od vremena kada sam naučio o vječnom Raju, počeo sam da smatram da je sve na ovom svijetu beskorisno i bezvredno. Život na ovoj zemlji je trenutak u poređenju sa vječnim kraljevstvom. Ako iskreno vejrujete u njega i nadate se vječnom kraljevstvu, vi nikada nećete voljeti ovaj svijet. Umjesto toga, vi ćete samo misliti šta bi trebali i mogli da uradite da spasite još jednu osobu ili kako da evangelizujete sve ljude širom svijeta. Vi ćete nagomilati vaše nagrade u Raju tako što ćete svim srcem nuditi najbolje darove Bogu bez da pokušate da na zemlji nakupite bogatstvo za sebe.

Apostol Pavle je mogao da svoj buran put privede kraju sa radošću i hvalom, zato što je vidio treći Raj koji mu je Bog pokazao u proviđenju. On je morao da istraje u strašnim nevoljama kao jedan apostol zbog Nejevreja. Bog mu je pokazao veliku ljepotu Raja i hrabrio ga da do kraja ide svojim putem u nadi za Raj. Tukli su ga motkama, silno bičevali, kamenovali, često zatvarali i prolio je svoju krv dok je propovjedao jevanđelje Božje. Bez obzira na sve to, Pavle je znao da će sve ovo biti neopisivo mnogo nagrađeno u Raju. Na kraju, sve njegove nevolje bile su zbog velikih nebeskih blagoslova. Božji ljudi se ne nadaju za ovaj svijet. Oni čeznu samo za nebeskim kraljevstvom. Ovaj svijet je samo momenat u Božjim očima, ali život u nebeskom kraljevstvu je vječan. Nema suza, ili žalosti, ili patnje, ili smrti u Raju. Tako oni uvijek mogu da žive radosno, nadajući se velikim nagradama kojima će ih Bog nagraditi u Raju, shodno sa tim šta su sijali ili uradili.

Zato se ja molim u ime našeg Gospoda Isusa Hrista da ćete vi razumijeti veliku ljubav i proviđenje Boga Stvoritelja i pripremiti sebe za ulazak u Raj kako bi mogli da uživate u vječnom životu i istinskoj sreći u čarobno lijepom i veličanstvenom Raju.

Poglavlje 4

TAJNA SKRIVENA PRIJE NEGO ŠTO JE POČELO VRIJEME

- Adamov autoritet predat đavolu
- Zakon o otkupu zemlje
- Tajna skrivena prije početka vremena
- Po slovu zakona Isus je kvalifikovan

„Ali premudrost govorimo koja je u savršenima, a ne premudrost vijeka ovog ni knezova vijeka ovog koji prolaze; nego govorimo premudrost Božiju u tajnosti sakrivenu, koju odredi Bog prije svijeta za slavu našu; koje nijedan od knezova vijeka ovog ne pozna; jer da su je poznali, ne bi Gospoda slave razapeli. "

1. Korinćanima Poslanica 2:6-8

Adama i Evu je zavela zmija u Rajskom vrtu, pa nisu poslušali Božju zapovijest i jeli su sa drveta poznanja dobrog i zla zato što su svojim umovima željeli da budu kao Bog. Kao rezultat, oni i svi njihovi potomci postali su griješnici.

Sa tačke gledišta ljudskog bića, mislilo se da su Adam i Eva bili nesrećni zato što su bili izbačeni iz Rajskog vrta i morali su da idu u smrtni život. Duhovno govoreći, pak, to je nevjerovatan blagoslov od Boga s obzirom da će dobiti šansu da uživaju u spasenju, vječnom životu i nebeskim blagoslovima kroz Isusa Hrista.

Kroz ljudsko oplemenjivanje, tajna koja je bila skrivena za vašu slavu prije početka vremena je otkrivena, i put spasenja je širom otvoren svim nacijama. Dozvolite nam da se više udubimo u tajnu koja je bila sakrivena prije početka vremena, i kako se put spasenja otvorio.

Adamov autoritet predat đavolu

U jevanđelju po Luki 4:5-6, nalazimo kako đavo iskušava Isusa koji samo što je završio 40-todnevni post:

*I izvedavši Ga đavo na goru visoku pokaza Mu sva
carstva ovog svijeta u trenuću oka. I reče Mu đavo:
„Tebi ću dati svu vlast ovu i slavu njihovu, jer je meni
predana, i kome ja hoću daću je."*

Đavo je rekao da će predati svu vlast Isusu jer mu ju je neko
već bio dao. Zašto Bog, koji vlada nad svim stvarima, dozvoljava
da sva vlast bude predata u ruke đavola?

Kaže se u Postanak 1:28: *„I blagoslovi ih Bog, i reče im
Bog: ,Rađajte se i množite se, i napunite zemlju, i vladajte
njom, i budite gospodari od riba morskih i od ptica nebeskih i
od svih zvijeri što se miče po zemlji.' "*

Adam je dobio od Boga vlast i moć da upravlja i vlada nad
svim stvarima. On je bio gospodar svih stvari ali poslje mnogo
vremena, on i njegova žena su bili prevarom navedeni da jedu sa
drveta poznanja dobra i zla od strane lukave zmije. On je počinio
grijeh neposlušnosti Bogu.

U Poslanici Rimljanima 6:16 čitamo: *„Ne znate li da kome
dajete sebe za sluge u poslušanje, sluge ste onog koga slušate,
ili grijeha za smrt, ili poslušanja za pravdu?"* Vi ste robovi za
grijeh ili pravednost. Ako počinite grijehove, vi ste rob grijehu i
bićete vođeni u smrt. Ako pak vi poštujete Riječ pravednosti, vi
ste rob pravednosti i ući će te u raj.

Adam je počinio grijeh neposlušnosti Bogu i postao je rob
grijehu. Zato više nije mogao imati svu vlast i moć koju mu je
Bog dao. On je morao da preda vlast i moć đavolu kao što i sve
što posjeduje rob prirodno pripada njegovom gospodaru.
Ukratko, Adam je predao đavolu svoju vlast i moć koju mu je

Bog dao zato što je zgriješio i postao je rob grijeha. Adamova neposlušnost rezultirala je u grijehovima svih ljudi. Prouzrokovala je da on i sva njegova pokolenja služe đavolu kao robovi i da budu osuđeni na smrt.

Zakon o otkupu zemlje

Šta moraju ljudi da učine da budu oslobođeni od neprijatelja đavola i Satane i da budu spašeni od grijehova i smrti? Neki kažu: „Bog prašta svakome bezuslovno zato što je Bog ljubav. On obiluje saosjećanjem i milošću." Ipak u 1. Korinćanima Poslanici 14:40 se kaže: „*A sve neka biva pošteno i uredno.*" Bog čini sve na ispravan način prema zakonu duhovnog carstva. Bog ne čini ništa protiv duhovnog zakona zato što je On Bog pravde i pravičnosti.

U duhovnom carstvu, postoji zakon koji kažnjava griješnike, a kaže: „Plata grijeha je smrt." Takođe, postoji zakon da se griješnici izbave. Ovaj duhovni zakon treba da biti primenjen da se povrati vlast koju je Adam predao đavolu.

Onda, kakav je zakon za iskupljenje griješnika? To je zakon o otkupu zemlje zabilježen u Starom Zavjetu. Prije početka vremena, Bog Otac je u tajnosti pripremio način za ljudsko spasenje prema ovom zakonu.

Šta je zakon o otkupu zemlje?

Ovo je Bog zapovedio Izraelcima u Levantskom Zakoniku

25:23-25:

Ali da se zemlja ne prodaje za svagda, jer je moja zemlja, a vi ste došljaci i ukućani kod mene. Zato po svoj zemlji države vaše neka se otkupljuju zemlje. Ako osiromaši brat tvoj i proda nešto od baštine svoje, a poslije dođe ko od roda njegovog najbliži njemu da otkupi, neka otkupi šta brat njegov prodade.

Svako parče zemlje pripada Bogu i ne smije biti trajno prodano. Ako neko proda zemlju zbog svog siromaštva, Bog je dozvolio njemu ili bližoj rodbini da kupovinom povrate zemlju. Ovo je zakon o otkupu zemlje.

Kada Izraelski narod prodaje i kupuje zemlju, oni prema zakonu o otkupu zemlje prave zemljišni ugovorni sertifikat da ne prodaju tu zemlju trajno.

Prodavac i kupac zapisuju u sertifikatu detaljan sadržaj zemljišnog ugovora tako da prodavac ili njegov najbliži srodnik mogu kasnije da je otkupe. Oni naprave kopiju toga i obojica ovjere svojim pečatima ta dva ugovora ispred dva ili tri svjedoka. Jedan ugovor se overi i čuva u skladištu svetog hrama. Drugi ugovor se čuva u ulaznoj prostoriji, otvoren i neovjeren. Zakon o otkupu zemljišta dozvoljava prodavcu i njegovom najbližem srodniku da otkupe zemlju u svako doba.

Zakon o otkupu zemlje i ljudsko spasenje

Zašto je Bog pripremio način ljudskog spasenja prema

zakonu o otkupu zemlje? Postanak 3:19 i 23 nam jasno govori da
je zakon o otkupu zemlje direktno povjezan sa spasenjem
čovječanstva:

*Sa znojem lica svog ješćeš hleb, dokle se ne vratiš u
zemlju od koje si uzet; jer si prah, i u prah ćeš se vratiti.
(Postanak 3:19).*

*I Gospod Bog izagna ga iz vrta Edemskog da radi
zemlju, od koje bi uzet. (Postanak 3:23).*

Bog je rekao Adamu poslije njegove neposlušnosti: „Za tebe
je prah, i u prah ćeš se vratiti." Ovdje: „prah" simbolizuje ljude
koji su napravljeni od prašine. Zato se ljudi vraćaju u prašinu
poslije smrti.

Zakon o otkupu zemlje kaže da je sva zemlja Božija i ne smije
biti trajno prodata (Levantski Zakonik 25:23-25). Ovi stihovi
znače da svi ljudi načinjeni od prašine zemaljske pripadaju Bogu
i ne mogu biti trajno prodati. To takođe pokazuje da nikakva
vlast i moć koju je Adam primio od Boga u Rajskom vrtu ne
mogu biti trajno prodate jer su pripadale Bogu.

Adamova vlast je predata neprijatelju đavolu i Satani, ali onaj
ko je mjerodavan da otkupi Adamovu izgubljenu vlast može da
je povrati od neprijatelja đavola. Isto tako, Bog pravde je
predodrijedio savršenog otkupljivača po zakonu za otkup zemlje.
Otkupljivač je Spasitelj svih ljudi.

Tajna skrivena prije početka vremena

Prije nego da vrijeme počne, Bog ljubavi je znao da ga Adam neće poslušati i sva njegova pokolenja će pasti u smrtni život. On je u tajnosti priprijemio put ljudskog spasenja i sakrio ga dok dođe vrijeme Njegovog izbora.

Da je đavo znao za Božiji put, spriječio bi Boga u razriješavanju grijeha i smrti svih ljudi, kako ne bi izgubio svoju moć. U 1. Korinćanima Poslanici 2:7 se opaža da: *„Nego govorimo premudrost Božiju u tajnosti sakrivenu, koju odredi Bog prije svijeta za slavu našu."*

Isus Hrist, mudrost Božja

U Rimljanima 5:18-19 kaže se: *„Zato, dakle, kao što za grijeh jednog dođe osuđenje na sve ljude, tako i pravdom jednog dođe na sve ljude opravdanje života. Jer kao što neposlušanjem jednog čovjeka postaše mnogi griješni, tako će i poslušanjem jednog biti mnogi pravedni."*

Svi ljudi će postati pravedni i biti spašeni kroz pokornost jednog čovjeka, isto kao što su svi ljudi postali griješnici i dopali smtnog života zbog neposlušnosti jednog čovjeka.

Isto tako, Bog je poslao Isusa Hrista, koga je u tajnosti priprijemio kao put spasenja i pustio da Isus bude razapet i ponovo ga uzdigao. Od tada pa nadalje, svako ko veruje u Njega je spašen. U 1. Korinćanima Poslanici 1:18 Bog nam govori: *„Jer riječ sa krsta je ludost onima koji propadaju, a nama koji* *se spasavamo - sila Božija.* "

Nekim ljudima zvuči glupo da su Sina Božjeg Svemogućeg vrijeđala i ubila Njegova bića. Međutim, ovaj „glupav" plan Božiji je daleko mudriji od najmudrijih ljudskih planova a Božja „slabost" je daleko jača od najveće ljudske snage (1. Korinćanima Poslanica 1:19-24). Biblija izričito kaže da niko nikada neće biti smatran ispravnim u očima Božijim zato što se pridržava zakona. Ipak, Bog je otvorio put spasenja svakome ko vjeruje u Isusa Hrista na ovaj laki način. Plata za grijeh je smrt. Stoga, niko ne bi mogao biti spašen da Isus nije umro za naše grijehove. Isus je bio razapet za naše grijehove i uzdigao se ponovo uz moć Božju. Na isti način je Bog priprijemio put koji možda izgleda slab ili glupav i sakrio ga za dugo vremena.

Bog je držao Isusa Hrista i Njegovo raspeće u tajnosti jer bi neprijatelj đavo i Satana, da su znali za njih, ometali put ljudskog spasenja. Đavo nikada ne bi ubio Isusa na krstu da je znao da je Bog pripremio put spasenja da preko krsta iskupi sve ljude od grijehova, da ih spasi od smrti i da povrati Adamovu moć od đavola.

Ponovo, sjetite se 1. Korinćanima Poslanice 2:7-8: „*Ali premudrost govorimo koja je u savršenima, a ne premudrost vijeka ovog ni knezova vijeka ovog koji prolaze; nego govorimo premudrost Božiju u tajnosti sakrivenu, koju odredi Bog prije svijeta za slavu našu; koje nijedan od knezova vijeka ovog ne pozna; jer da su je poznali, ne bi Gospoda slave razapeli.* "

Po slovu zakona Isus je kvalifikovan

Kao što svaki ugovor ima svoje propise, duhovno kraljevstvo takođe ima pravilo koje nalaže da spasitelj mora da bude kvalifikovan da povrati Adamovu izgubljenu moć od đavola po zakonu o otkupu zemlje.

Na primjer, pretpostavimo da postoji čovjek koji je pred bankrotom u svom poslovanju. On ima velika dugovanja ali nije sposoban da ih otplati. Ako on ima bogatog brata koji ga voli, njegov brat će otplatiti sve njegove dugove odjednom. Svi ljudi koji su griješnici od kako je Adam pao trebaju spasitelja koji je kompetentan da ih očisti od grijehova. Šta, onda, su kvalifikacije spasitelja? Zašto Biblija govori da je samo Isus kvalifikovan?

Prvo, spasiltelj mora biti muškarac

U Levantskom Zakoniku 25:25, kaže se: *„Ako osiromaši brat tvoj i proda nešto od baštine svoje, a poslije dođe ko od roda njegovog najbliži njemu da otkupi, neka otkupi šta brat njegov prodade."* Zakon o otkupu zemljišta kaže da ako čovjek postane siromašan i proda svoje vlasništvo njegov najbliži srodnik može da otkupi ono što je prodao.

U 1. Korinćanima Poslanici 15:21-22 čitamo: *„Jer budući da kroz čovjeka bi smrt, kroz čovjeka i vaskrsenje mrtvih. Jer kako po Adamu svi umiru, tako će i po Hristu svi oživjeti."* Prvi uslov za Spasitelja koji može da povrati Adamovu moć je taj da mora biti muškarac. Ova činjenica je detaljno opisana još jednom u Otkrivenju 5:1-5:

> *I vidjeh u desnici Onog što seđaše na prijestolju knjigu napisanu iznutra i spolja, zapečaćenu sa sedam pečata. I vidjeh anđela jakog gdje propovjeda glasom velikim: „Ko je dostojan da otvori knjigu i da razlomi pečate njene?" I niko ne mođaše ni na nebu ni na zemlji, ni pod zemljom da otvori knjige ni da zagleda u nju. I ja plakah mnogo što se niko ne nađe dostojan da otvori i da pročita knjigu, niti da zagleda u nju; I jedan od starješina rječe mi: „Ne plači, evo je nadvladao lav, koji je od koljena Judinog, korijen Davidov, da otvori knjigu i razlomi sedam pečata njenih."*

„Knjiga pisana iznutra i na poleđini, ovjerena sa sedam pečata" označava ugovor koji je bio napravljen između Boga i đavola kada Adam nije poslušao Boga i postao griješnik. Apostol Jovan nije mogao da na nebesima ili na zemlji, ili ispod zemlje, nađe nikoga ko je bio dostojan da razbije žigove i otvori svitak pergamenta.

To je zato što anđeli na nebesima nisu muškarci, svi muškarci na zemlji su griješnici kao Adamovi potomci, a ispod zemlje, tamo su samo zli duhovi koji pripadaju đavolu i mrtve duše koje će pasti u pakao.

U to vrijeme, jedan od starješina rekao je Jovanu: „Ne plači, evo je nadvladao lav, koji je od koljena Judinog, korijen Davidov, da otvori knjigu i razlomi sedam pečata njenih." Ovdje „korijen Davidov" se odnosi na Isusa, koji je rodjen kao potomak kralja

Davida naroda Judinog (Djela 13:22-23). Zato je Isus
kvalifikovan po prvom uslovu zakona o otkupu zemlje.
Neki možda kažu da „Bog je Apsolutan. Isus je zasigurno Bog
zato što je On Sin Božiji. On nikad nije muškarac." Sjetite se,
ipak da u Jovanu 1:1 čitamo: „*Riječ beše Bog*," i Jovan 1:14,
gde čitamo: „*I Riječ postade tijelo i useli se u nas.*" Bog, koji je
bio Riječ, postao je tijelo i živeo ovdje na zemlji među nama.
To je bio Isus čija pravo biće je bio Bog i koji je postao tijelo
kao čovjek. On je bio Riječ u Njegovom biću i Sin Božji. On je
imao humanost i božanstvenost. Međutim, On je rođen i rastao
je u ljudskom obliku u tijelu. Istorija čovječanstva je podjeljena
na dva dijela sa vrijemenom Isusovog rođenja kao razdjelnicom:
B.C., *Before Christ-Prije Hrista,* i A.D., *Anno Domini-Ljeta
Gospodnjeg.* Baš ovo potvrđuje da je Isus postao tijelo i sišao na
ovu zemlju. Rođenje Isusa, odgoj, i raspeće su takođe dijelovi ove
očigledne činjenice.
Isus je zbog toga čovjek, i kvalifikovan je da bude naš
Spasitelj.

Drugo, On ne smije da bude Adamov potomak

Dužnik ne može da otplati tuđi dug. Onaj koji nema dug i
sposoban je da pomogne drugima, može da ga otplati. Na isti
način, spasitelj svih ljudi mora biti neokaljan i besprijekoran
kako bi spasio sve ljude od grijehova od njihovih grijehova i
smrti. Svi ljudi su Adamovi potomci i griješnici zato što je prvi
predak svih ljudi, Adam, zgriješio. Ni jedan od njegovih
potomaka nije kvalifikovan da bude Spasitelj svih ljudi zato što

su oni sami griješnici. Čak ni jedan od najvećih ljudi u istoriji ne može da bude odgovoran za grijehove drugih.

Da li Isus ima ovu kvalifikaciju? U Mateju 1:18-21 opisuje se Isusovo rođenje. On je bio začet od strane Svetog Duha, a ne sjedinjavanjem muškarca i žene. Stihovi kažu:

A rođenje Isusa Hrista bilo je ovako: kad je Marija, mati Njegova, bila isprošena za Josifa, a još dok se nisu bili sastali, nađe se da je ona trudna od Duha Svetog. A Josif muž njen, budući pobožan i ne htevši je javno sramotiti, namisli je tajno pustiti. No kad on tako pomisli, a to mu se javi u snu anđeo Gospodnji govoreći: Josife, sine Davidov! Ne boj se uzeti Marije žene svoje; jer ono što se u njoj začelo od Duha je Svetog. Pa će roditi Sina, i nadeni Mu ime Isus; jer će On izbaviti svoj narod od grijeha njihovih.

Isus je bio Davidov potomak u skladu sa Njegovim rodoslovom (Jevanđelje po Mateju 1; Jevanđelje po Luki 3:23-37). Međutim, Njega je začeo Sveti Duh prije nego što se Marija sjedinila sa Josipom. Zbog toga, On nije imao griješnu prirodu.

Svi se rađaju sa praroditeljskim grijehom jer nasljeđuju greijšnu prirodu svojih roditelja. Drugim riječima, Nakon što je Adam zgriješio, on je predao svoju grešnu prirodu svim svojim potomcima. Griješna priroda je naslijedna svim ljudima do današnjeg dana, i taj se grijeh zove „praroditeljski grijeh." Iz ovog razloga, svi Adamovi potomci su griješnici i ne mogu spasiti ni jednog drugog čovjeka.

Tako je Bog Otac planirao da Njegov Sin Isus bude začet od strane Svetog Duha u materici Device Marije. Na ovaj način, Isus postaje tijelo i dolazi na ovaj svijet, ali nije potomak Adamov.

Treće, On mora da ima moć da nadjača đavola

Ponovo, Levitski Zakonik 25:26-27 nam kaže:

Ako li ne bi imao nikoga da otkupi, nego bi se pomogao i zaglavio koliko treba za otkup,onda neka odbije godine otkako je prodao, pa šta ostane neka isplati onom kome je prodao, i tako neka opet dođe do svoje baštine.

Ukratko, otkupilac treba da ima moć da otkupi prodanu zemlju. Siromašan čovjek ne može da plati dug svoga prijatelja čak i da želi da to uradi. Na isti način, otkupilac ne smije da ima grijeh da bi mogao da spasi sve ljude od njihovih grijehova. Nemati grijehove je snaga u duhovnom kraljevstvu.

Spasitelj mora da ima moć da pobjedi neprijatelja đavola i Satanu i da povrati Adamovu izgubljenu vlast. To jest, Spasitelj ne smije imati nijedan praroditeljski grijeh niti svoj sopstveni grijeh. Samo bezgriješni Spasitelj može da pobjedi đavola i oslobodi sve ljude od đavola.

Da li je Isus bio bezgriješan? Isus nije imao praroditeljski grijeh zato što je začet od Svetog Duha. On se pokorio zakonu Božjem u potpunosti zato što je odrastao pod kontrolom svojih roditelja koji su se plašili Boga. On je ispunjavao zakon sa ljubavlju. Bio je obrezan na osmi dan nakon Njegovog rođenja (Jevanđelje po Luki 2:21). On nikada nije počinio Njegov sopstveni grijeh i samo se pokoravao volji Boga Oca sve dok nije bio razapet u svojoj 33. godini (1 Knjiga Petrova 2:22-24, Poslanica Jevrejima 7:26). Isus je mogao da pobjedi đavola i spasi sve ljude zato što On nije imao niti jedan grijeh. Njegova „bezgriješnost" je svjedočena kroz mnoga Njegova moćna djela. On je istjerivao demone, činio da slijepi progledaju, gluvi da čuju, hromi da hodaju, i liječio sve neizlječive bolesti. Jaka oluja se smirila i bijesan vjetar je stao kada je On ukorio vjetar i rekao vodi: „Mir, ostani mirno!" (Jevanđelje po Marku 4:39)

Na kraju, On mora da ima žrtvenu ljubav

Čak i bogat čovjek neće otkupiti zemlju ako nema ljubav prema čovjeku koji je prodao tu zemlju. Na isti način, spasilac mora da ima ljubav za griješnike do tačke da žrtvuje sam Sebe da bi riješio jednom i za svagda sve probleme grijehova.

U Knjizi o Ruti 4:1-6 Voz je bio dobro upoznat sa Naominim siromaštvom i rekao je njenom najbližem srodniku – otkupiocu koji je trebalo da otkupi njenu zemlju ako on želi. Ipak, čovjek je odbio, govoreći Vozu: „*Ne mogu otkupiti, zato što ću tako ugroziti svoje naslijedtvo. Ti otkupi; ti možeš da imaš moje pravo otkupljenja, jer ja ne mogu otkupiti"* (Stih 6). On nije otkupio zemlju za Naomi i Rut iako je bio dovoljno bogat da to učini. To je bilo zato što nije imao ljubavi da se žrtvuje. Poslije svega, Voz, sledeći najbliži srodnik-otkupilac, otkupio je tu zemlju zato što je imao takvu ljubav da se žrtvuje.

Voz je postao legalan otkupnik i oženio je Rut zato što je imao dovoljno ljubavi da otkupi Naominu zemlju. Sin koga su Rut i Voz izrodili bio je pra-pra-deda Kralja Davida i zabilježen je u Isusovoj porodičnoj liniji.

Isus je bio razapet u ljubavi. Isus je bio Riječ, ali postao je tijelo i došao na ovu zemlju. On nije bio potomak Adamov zato što je bio začet od strane Svetog Duha. Tako da On je rođen bez praroditeljskog grijeha. On je imao moć da spasi sve ljude od njihovih grijehova zato što je bio bezgriješan.

Međutim, On nije mogao da postane Spasitelj bez duhovne i požrtvovane ljubavi čak iako je možda imao ostale tri kvalifikacije. On je morao da preuzme kaznu za grijehove na koju su griješnici bili osuđeni, da tako iskupi sve ljude iz grijehova.

On je morao da bude tretiran kao najozbiljniji i najopasniji kriminalac i da bude obješen na rapavi, drveni krst. Morao je da bude vrijeđan i da mu se podsmijevaju, i da rasipa krv i vodu iz Svog tijela da spasi sve ljude. On je morao da plati visoku cijenu i da učini ogromnu žrtvu.

Nigde u ljudskoj istoriji ne možete naći neki slučaj u kome je nevin vladar umro za svoj zli i glupi narod. Isus je jedan i jedini Sin Boga Svemogućeg, Kralj kraljeva, Gospodar gospodara i

Majstor sveg stvaranja. Tako veličanstven, plemenit i besprijekoran Isus je bio obješen na krst i umro je polivajući Svoju krv. Kakvu neizmernu ljubav je On imao za nas? U stvari, Isus je činio samo dobra dijela tokom Svog života. On je griješnicima dao oproštaj, izliječio razne bolijesne ljude, oslobodio mnogo ljudi od demona, donio dobre vijesti o miru, radosti, i ljubavi, i dao ljudima iskrenu nadu za nebesa i spasenje. Iznad svega, On je dao svoj vlastiti život za griješnike.

U Poslanici Rimljanima 5:7-8 čitamo: *„Jer jedva ko umre za pravednika; za dobroga može biti da bi se ko usudio umrijeti. Ali Bog pokazuje svoju ljubav k nama što Hristos još kad bijasmo griješnici umre za nas. "* Bog Otac je poslao Svog jednog i jedinog Sina Isusa zbog nas koji nismo ni pravedni ni dobri, i dozvolio da On bude obješen na krstu i umre na njemu. On je pokazao Svoju veliku ljubav na ovaj način.

Zato se ja molim u ime Isusa Hrista da vi možete razumijeti da ne možete biti spašeni u ime bilo koga osim Isusa Hrista, ostvariti pravo da postanete dijete Božje prihvatanjem Isusa Hrista, i uvijek uživati u pobjedonosnom životu uvjereni u spasenje!

Poglavlje 5

ZAŠTO JE ISUS NAŠ JEDINI SPASITELJ?

- Proviđenje o izbavljenju kroz
  Isusa Hrista
- Zašto je Isus okačen na drveni krst?
- Ni jedno drugo ime na svijetu nego
  „Isus Hrist"

„On je kamen koji vi zidari odbaciste, a postade glava od ugla. I nema ni u jednom drugom spasenja; jer nema drugog imena pod nebom danog ljudima kojim bi se mi mogli spasti."

Djela Apostolska 4:11-12

Vi ćete voljeti Boga svim srcem kada shvatite Njegovo duboko i brižljivo proviđenje u ljudskom oplemenjivanju. Povrh toga, morate se diviti Njegovoj ljubavi i mudrosti kada shvatite proviđenje spasenja kroz Isusa Hrista.

Onda, kako se proviđenje koje je bilo sakriveno prije početka vremena ispunilo kroz Isusa Hrista? Ja sam vam napomenuo ranije da je Bog pravde priprijemio onoga koji je kvalifikovan za spasenje svih ljudi prema duhovnom zakonu i da nema niko drugi no Isus Hrist pod kapom nebeskom koji ispunjava te kvalifikacije.

Isus je jedan jedini koji je bio čovjek ali ne potomak Adamov zato što je bio začet od strane Svetog Duha i došao na zemlju u ljudskom tijelu. Uz to, On je imao moć i ljubav da spasi sve ljude. Tako je On mogao da otvori put spasenja za sva ljudska bića na taj način što je bio razapet.

Zbog toga, rečeno je u Djelima Apostolskim 4:12: „*I nema ni u jednom drugom spasenja; jer nema drugog imena pod nebom danog ljudima kojim bi se mi mogli spasti.*" Ko god prihvati i vjeruje u Isusa Hrista, oprošteni su mu svi grijehovi i spašen je. On će izaći na svjetlost iz tame i primiće vlast i blagoslov djece Božje.

Ja ću sada objasniti zašto morate vjerovati u Isusa koji je bio razapet kako bi vi bili spašeni i primili vlast i blagoslov djeteta Božjeg.

Providenje o izbavljenju kroz Isusa Hrista

Bog je pripremio put spasenja prije početka vremena. Knjiga Postanka propovjeda o Isusu i tajni o ljudskom spasenju pomoću krsta.

U Postanku 3:14-15 čitamo:

Tada reče Gospod Bog zmiji: „Kad si to učinila, da si prokleta mimo svako živinče i mimo sve zvijeri poljske; Na trbuhu da se vučeš i prah da jedeš do svog vijeka; I još mećem neprijateljstvo između tebe i žene i između sjemena tvog i sjemena njenog; ono će ti na glavu stajati a ti ćeš ga u petu ujedati."

Kao što je razmotreno ranije, duhovno „zmija" se odnosi na neprijatelja đavola, a „prah da jedeš" simbolizuje neprijatelja đavola koji vlada nad ljudima koji su napravljeni od zemaljskog praha. Takođe, „žena" označava „Izrael" i „sjeme žene" odnosi se na Isusa. Fraza: „Ti [zmijo] ćeš ga ujedati za petu" simbolizuje da će Isus biti razapet, a „on [sjeme ženino] će ujesti njega [zmiju] za glavu" podrazumijeva da će Isus razoriti tabor neprijatelja đavola i Satane time što će vaskrsnuti iz mrtvih.

Satana nije mogao da pronikne u Božiji plan

Bog je držao ovo proviđenje u tajnosti, kako neprijatelj đavo i Satana ne bi mogli da znaju i domognu se Njegove mudrosti. Neprijatelj đavo i Satana pokušali su da ubiju ženin plod prije nego što je bio istisnut. On je mislio da će zauvijek imati moć koju mu je predao Adam, koji nije poslušao Boga. Međutim, neprijatelj đavo i Satana nisu znali ko je bio ženin plod. Stoga je on pokušao da ubije proroke koje je volio Bog od vremena Starog Zavjeta.

Kada se Mojsije rodio, neprijatelj đavo i Satana su naveli faraona, kralja Egipta, da ubije svako muško novorođenče Hebrejskih žena (Izlazak 1:15-22). Kada je Isus bio začet od strane Svetog Duha i došao na zemlju u tijelu, neprijatelj đavo i Satana su naveli kralja Heroda da uradi isto.

Međutim, Bog je već znao za plan neprijatelja Satane. Anđeo Gospodnji pojavio se u Josifovom snu i rekao mu da ide u Egipat sa bebom i majkom. Bog je dozvolio ovoj porodici da živi tamo sve dok kralj Herod nije umro.

Bog je dozvolio Isusovo raspeće

Isus je odrasto pod Božjom zaštitom i počeo je sa svojom svješteničkom službom kada mu je bilo 30 godina. On je išao širom Galileje, poučavajući u sinagogama, liječio je razne vrste bolesti i razne vrste oboljenja među ljudima, oživljavao mrtve i propovjedao jevanđelje siromašnima (Jevanđelje po Mateju 4:23, 11:5).

U međuvremenu, neprijatelj đavo i Satana opet su skovali tajni plan da najviši svještenici, ljudi od zakona i Fariseji ubiju Isusa. Kako bilo, kao što znate iz Biblije, neki zao čovjek nije čak mogao ni da dodirne Isusa zato što su se svi događaji u njegovom životu desili u providenju Božjem.

Bog je dozvolio neprijatelju đavolu i Satani da razapnu Isusa tek poslije 3 godine njegovog svješteničkog službovanja. Kao rezultat, Isus je nosio krunu od trnja i umro na krstu prolazeći kroz veliki bol jer je bio zakovan kroz Njegove ruke i noge. Raspeće je najsuroviji način egzekucije. Neprijatelj đavo je bio veoma zadovoljan nakon što je ubio Isusa na ovaj surov način. Satana je pjevao u slavu pobjede zato što je mislio da će vladati svijetom, jer neće biti nikoga ko može da smeta njegovom režimu. Ipak, tu je bilo skriveno tajno Božje providenje.

Neprijatelj đavo i Satana su prekršili duhovni zakon

Bog ne koristi Svoju apsolutnu neograničenu moć protiv zakona zato što je On pravedan. On je pripriemio put spasenja prema duhovnom zakonu prije nego što je počelo vrijeme, jer On sve radi po duhovnom zakonu.

Pošto je po duhovnom zakonu smrt plata za grijeh (Poslanica Rimljanima 6:23), niko se ne suočava sa smrću ako nema grijeh. Ipak, neprijatelj đavo i Satana su razapeli Isusa koji je bio besprijekoran i neokaljan (1. Petrova Poslanica 2:22-23). Radeći ovo, neprijatelj đavo je prekršio duhovni zakon i bio obmanut svojim sopstvenim trikom. On je postao instrument ljudskog spasenja koje je isplanirao Bog. Potomak žene mu je razbio glavu kao što je prorečeno u Postanku.

Generalno, zmija još uvek može da pruža otpor čak i ako je nagazite na rep ili joj isiječete tijelo, ali ne može da pruža otpor ako joj čvrsto držite glavu. Zato fraza: „I još mećem neprijateljstvo između tebe i žene i između sjemena tvog i sjemena njenog; ono će ti na glavu stajati a ti ćeš ga u petu ujedati," duhovno znači da će neprijatelj Satana izgubiti moć i vlast zahvaljujući Isusu Hristu. Zmija koja ujeda za petu potomka žene, duhovno znači da će Satana razapeti Isusa, i ovo je ispunjeno kao što je i prorečeno u Postanku 3:15.

Spasenje kroz Isusovo raspeće

Put spasenja koji je Bog sakrio prije nego što je počelo vrijeme bio je ostvaren kada je Isus vaskrsnuo na treći dan od Njegovog raspeća.

Prije oko 6.000 godina, Adam je neprijatelju đavolu morao da preda svoju vlast datu od Boga, kada je svojom neposlušnošću prekršio zakon duhovnog carstva (Jevanđelje po Luki 4:6). Ipak, poslije 4.000 godina Satana je morao da pođe putem uništenja time što je prekršio duhovni zakon.

Zbog toga, neprijatelj đavo je morao da oslobodi one koji su prihvatili Isusa kao svog spasitelja i vjerovali u Njegovo ime, što je dovelo da oni steknu pravo da postanu Božja djeca. Da li bi neprijatelj đavo razapeo Isusa da je znao za ovu Božju mudrost? Ne bi! 1. Korinćanima Poslanica 2:8 podsjeća nas da: „Mudrost koju nijedan od vladara vijeka ovog ne pozna; jer da su je poznali, ne bi Gospoda slave razapeli."

Oni koji danas ne shvataju ovu činjenicu takođe se pitaju: „Zašto Svemogući Bog nije mogao da zaštiti Svog Sina od smrti? Zašto je dozvolio da umre na krstu?" Međutim, da ste potpuno razumijeli proviđenje sa krsta, vi biste znali zašto je Isus morao da bude razapet i kako je mogao postati Kralj nad kraljevima i Gospodar nad gospodarima nakon Njegove trijumfalne pobjede nad neprijateljem đavolom. Dakle, kogod vjeruje u Isusa kao Spasitelja koji je umro na krstu i vaskrsao poslije tri dana da bi iskupio ljude od svih grijehova, može biti proglašen pravednim i biti spašen.

Zašto je Isus okačen na drveni krst?

Zašto je onda trebalo Isusa okačiti na drveni krst? Zašto je to trebao biti drveni krst? Među toliko mnogo metoda pogubljenja, Isus je umro na drvenom krstu. Po riječima iz Poslanice Galaćanima 3:13-14, postoje tri duhovna razloga zašto je Isus okačen na drveni krst.

Prvo, da nas iskupi od kletve zakonske

Poslanica Galaćanima 3:13 kaže: „*Hristos je nas iskupio od kletve zakonske postavši za nas kletva, jer je pisano: ,Proklet svaki koji visi na drvetu.* '" To objašnjava da nas je Isus iskupio od kletve zakona tako što je on visio na drvenom krstu.

Svi ljudi su prokleti i tako predodređeni da idu u smrtni život zbog neposlušnosti prvog čovjeka Adama kao što je i napisano u

Poslanici Rimljanima 6:23: „*Plata za grijeh je smrt.*" Međutim, Bog je dao Svog Sina Isusa za čovječanstvo i dozvolio mu da bude okačen na drvenom krstu da bi ih iskupio od kletve zakonske (Devteronomij; Ponovljeni zakon; Četvrta knjiga Mojsijeva. Brojevi SZ 21:23).

Šta više, Isus je prolio Svoju dragocjenu krv na krstu. Pogledajte stihove 11 i 14 u Levitskom Zakoniku 14:

Jer život mesa je u krvi; a ja sam vam je odredio za oltar da se čiste duše vaše; jer životni razlog je krv koja čini pročišćenje. (Stih 11).

Jer Jer kao život svakog mesa, krv je ta koja je identifikovana kao sam život. (Stih 14).

Autor Levitskog Zakonika piše da je krv život zato što svakom biću treba krv da bi živjelo i umrlo bi bez nje.

Međutim, kada jedinka umre, njegovo tijelo se vraća u prah, a njegova duša će otići ili u raj ili u pakao. Da dobijete vječni život, vi morate dobiti oprost od svih vaših grijehova. Da bi vam bili oprošteni svi grijehovi, mora biti prolivanja krvi kao što je i napisano u Poslanici Jevrejima 9:22: „*I gotovo sve se krvlju čisti po zakonu, i bez proljevanja krvi ne biva oproštenje.*" Iz tog razloga, ljudi za vrijeme Starog Zavjeta su morali da nude životinjsku krv kad god bi zgriješili. Ipak, Isus je prolio Svoju dragocjenu krv jednom za svagda da bi učinio da ljudima bude oprošteno i da bi primili vječni život, zato što On Lično nije imao niti praroditeljski grijeh niti grijeh koji je sam počinio.

Isto tako, vi možete da dobijete vječni život zbog Isusove dragocjene krvi. To jest, Isus je umro umjesto vas i otvorio put za vas da budete djete Božje.

Drugo, da preda Avramov blagoslov

Prva polovina Poslanice Galaćanima 3:14 kaže: „*Da među neznabošcima bude blagoslov Avramov u Hristu Isusu.*" To znači da Bog daje blagoslov dat Avramu ne samo Izraelcima nego i svim neznabošcima koji su proglašeni pravjednima, time što su prihvatili Isusa kao njihovog Spasitelja.

Avrama su zvali „otac vjere" i „Božji prijatelj," i živio je blagosloven djecom, zdravljem, dugim životom, bogatstvom i tako dalje. Razlog zašto je Avram tako obilno blagosloven je opisan u Postanku 22:15-18:

> *I anđeo GOSPODNJI opet viknu s neba Avrama. I reče: „Sobom se zakleh," izjavi GOSPOD, „kad si tako učinio, i nisi požalio sina svog, jedinca svog, zaista ću te blagosloviti i sjeme tvoje veoma umnožiti, da ga bude kao zvijezda na nebu i kao pijeska na brijegu morskom; i naslijediće sjeme tvoje vrata neprijatelja svojih; I blagosloviće se u sjemenu tvom svi narodi na zemlji, kad si poslušao glas moj."*

Avram se povinovao kada mu je Bog rekao: „*Idi iz zemlje svoje i od roda svog i iz doma oca svog u zemlju koju ću ti ja pokazati*" (Postanak 12:1). On se takođe povinovao bez pogovora ili prigovora kada mu je Bog rekao: „*Uzmi sada sina svog, jedinca svog milog, Isaka, pa idi u zemlju Moriju, i spali ga na žrtvu tamo na jednoj od planina gdje ću ti kazati*" (Postanak 22:2). Ovo je bilo Avramu moguće, zato što je on vjerovao Bogu koji može da oživi mrtve (Poslanica Jevrejima 11:19). On je bio sposoban da bude blagoslov i otac vjere zato što je imao tako čvrstu vjeru. Zbog toga, Božja djeca koja prihvate Isusa kao njihovog Spasitelja treba da imaju vjeru Avramovu. Vi ćete tada biti sposobni da slavite Boga primajući sve zemaljske blagoslove.

Treće, da da obećanje Duha

Druga polovina Poslanice Galaćanima 3:14 kaže: „*Da obećanje Duha primimo kroz vjeru.*" Ovo znači da je svako ko vjeruje da je Isus umro na drvenom krstu za sva ljudska bića, oslobođen od kletve zakonske i prima obećanje Svetog Duha. Uz to, svako ko prihvati Isusa kao Spasitelja, kao dar dobija autoritet djeteta Božjeg i Svetog Duha i uvjerenost u spasenje (Jevanđelje po Jovanu 1:12; Poslanica Rimljanima 8:16).

Kada vi primite Svetog Duha, vi možete zvati Boga „Ava, Oče" (Poslanica Rimljanima 8:15), vaše ime je upisano u Knjigu života u raju (Jevanđelje po Luki 10:20), i imate pravo građanstva u raju (Poslanica Filipljanima 3:20). Ovo je zato što vas Sveti Duh, koji je srce i snaga Božja, vodi ka vječnom životu tako što vam pomaže da razumijete Riječ Božju i da živite život po Njegovoj Riječi sa vjerom.

Međutim, vi ćete biti spašeni ne samo prihvatanjem Isusa kao

vašeg Spasitelja nego i vjerovanjem u vašim srcima da je On
srušio vlast smrti i vaskrsao. Poslanica Rimljanima 10:9 piše o
ovome: *„Jer, ako priznaješ ustima svojim da je Isus Gospod, i
vjeruješ u srcu svom da Ga Bog podiže iz mrtvih, bićeš
spasen.*"

Prije početka vremena, Bog je predodrijedio veliki plan da
učini da se oni koji vjeruju u Isusa kao Spasitelja ujedine sa
Bogom i da ih odvede u spasenje. Plan je bio predivan i
misteriozan. Ljudska bića morala su da idu u smrtni život zbog
grijeha prvog čovjeka po zakonu duhovnog carstva koji kaže:
„Plata za grijeh je smrt." Međutim, oni mogu biti oslobođeni od
kletve zakonske i spašeni u veri po istom tom zakonu, zbog
Sataninog kršenja zakona duhovnog carstva.

Ljudska bića su morala da trpe bol, brige i smrt koje im je
neprijatelj đavo doneo kada su zbog neposlušnosti postali robovi
grijehova. Ipak, ko god da prihvati Isusa kao Spasitelja i primi
Sveti Duh može da dobije spasenje, vječni život, vaskrsenje i
bujice blagoslova.

Privilegije i blagoslovi dati Božjoj djeci

Ko god otvori svoje srce i prihvati Isusa Hrista, oprošteno mu
je i dobija pravo da postane djete Božje i uživa mir i sreću u svom
srcu. Ovo je moguće zato što je Isus svojim raspećem prihvatio
sve naše grijehove jednom i za svagda.

Takođe, čitamo u Poslanici Jevrejima 10:16-18 da:

„Ovo je zavjet koji ću načiniti s njima poslije onih

dana, " govori Gospod: „Daću zakone svoje u srca njihova, i u mislima njihovim napisaću ih. " On onda kaže: „I grijehe njihove i bezakonja njihova Ja se više neću sjećati. " A gdje je oproštenje ovih onde više nema priloga za grijehe. "

Ne postoji ništa na svijetu što zaslužuje da bude upoređeno sa pravom djece Božje datom putem vjere. Na ovom svijetu, prava djece kralja ili predsjednika su veoma velika. Kako veliko, onda, je pravo djece Boga Stvoritelja koji vlada svijetom i upravlja ljudskom istorijom i univerzumom?

Bog ne smatra to istinskom vjerom ako vi samo govorite: „Isus je Spasitelj." Vi morate da shvatite ko je Isus Hrist, zašto je On jedini vaš Spasitelj, i da imate istinsku vjeru na osnovu tog znanja. Onda, sa tom istinskom vjerom, vi možete da shvatite Božje proviđenje skriveno u krstu i priznate: „Gospod je Isus i Sin živog Boga." Štaviše, možete da živite saglasno sa Božjom voljom. Bez ove istinske vjere, veoma je teško da imate vjeru koja dolazi iz srca i živite saglasno sa Riječju Božjom. Zato, kao što nam je Isus rekao u Jevanđelju po Mateju 7:21: *„Neće svaki koji Mi govori: ,Gospode! Gospode!' Ući u carstvo nebesko, no koji čini po volji Oca mog koji je na nebesima. "* Isus je nedvosmisleno rekao da će samo ljudi koji govore Isusu „Gospode, Gospode" i žive po volji i Riječi Božjoj biti spašeni.

Ni jedno drugo ime na svijetu nego „Isus Hrist"

Apostolska djela 4 oslikavaju scjenu u kojoj Petar i Jovan smjelo svjedoče ime Isusovo pred Sinedrionom (Jevrejski savjet staraca, primj. prev.). Oni su iskreno vjerovali da ne postoji ni jedno drugo ime do „Isus Hrist" kroz koje bi čovjek mogao dostići spasenje, a Petar, koji je bio ispunjen Svetim Duhom, bio je ovlašćen da proglasi da: „*I nema ni u jednom drugom spasenja; Jer nema drugog imena pod nebom danog ljudima kojim bi se mi mogli spasti*" (Djela apostolska 4:12). Koje duhovne implikacije se nalaze u imenu „Isus Hrist?" I zašto nam je Bog dao ni jedno drugo ime nego Isus Hrist po kome mi moramo da dostignemo spasenje?

Razlika između „Isus" i „Isus Hrist"

Djela apostolska 16:31 nam govore da: „*Vjeruj u Gospoda Isusa i spašćeš se ti i sav dom tvoj.*" Postoji važan razlog zašto piše „Gospod Isus" a ne jednostavno „Isus."

Ovdje, „Isus" se odnosi na čovjeka koji će da spasi Svoj narod od njihovih grijehova. „Hrist" je grčka riječ koja znači „Mesija" na jevrejskom. On je „onaj koji je miropomazan" (Djela apostolska 4:27) i to se odnosi na Spasitelja koji je posrijednik između Boga i ljudi. To jest, „Isus" je ime budućeg spasitelja, a „Hrist" je ime Spasitelja koji je već spasio ljude.

Tokom vremena Starog Zavjeta, Bog je miropomazivao osobu koja će biti kralj, ili svještenik ili prorok tako što je prosipao ulje po glavi onoga koji treba da bude miropomazan (Levitski Zakonik 4:3; 1 Samuelova 10:1; 1 Kraljevima 19:16). Ulje simbolizuje Sveti Duh. Zato, miropomazivanje nekoga znači dati Sveti Duh osobi odabranoj od Boga.

Isus je miropomazan kao Kralj, Glavni Svještenik i Prorok, i došao je na ovaj svijet u tijelu da bi spasio sva ljudska bića u skladu sa Božjim proviđenjem koje je bilo predodređeno prije nego što je počelo vrijeme. On je bio raspet da bi nas iskupio, i postao naš Spasitelj time što je vaskrso trećeg dana. Prema tome, On je Spasitelj koji je dovršio Božje proviđenje spasenja. To jest, On je Hrist.

Isusu pre raspeća mi se obraćamo samo kao „Isus." Međutim, poslije raspeća i vaskrsnuća, Njemu se obraćamo kao „Isus Hrist," „Gospod Isus" ili „Gospod."

Vi morate da znate da je velika razlika u moći između „Isus" i „Isus Hrist." Isus je bilo ime kojim je On zvan prije nego što je ispunio proviđenje spasenja i neprijatelj đavo se ne plaši toliko od ovog imena. Međutim, ime „Isus Hrist," podrazumeva sljedeća tri: krv koja nas je iskupila od naših grijehova; vaskrsnuće koje je srušilo vlast smrti; i život koji je vječit. Međutim, pred ovim imenom neprijatelj đavo drhti od straha.

Mnogi ljudi zanemaruju ovu činjenicu zato što oni ne shvataju ovu razliku. Ipak, istina je da bi Božje djelo i odgovor bili drukčiji u zavisnosti po kom imenu vi pozovete (Apostolska djela 3:6).

Kada se molite Bogu u ime našeg Gospoda Isusa Hrista i mislite na to, vi ćete voditi pobjednički život ispunjen brzim i mnogobrojnim rješenjima vašeg Svemogućeg Boga.

Isusovo kompletno pokoravanje

Iako je Isus bio Bog po prirodi, on nije smatrao svoju jednakost sa Bogom kao nešto što treba zgrabiti, niti se hvalio Svojim pravima kao Boga. On je napravio sebe beznačajnim, zauzeo je skromnu poziciju roba i pojavio se u obliku ljudskog bića. Dobar sluga nema svoju sopstvenu volju. On radi po volji svog gospodara umjesto po svojoj volji. Dužnost je sluge da se povinuje volji svog gospodara bez obzira da li je to ili nije u skladu sa njegovom sopstvenom voljom ili osjećanjima. Isus se povinovao Božjoj volji sa srcem dobrog sluge, i tako je mogao da ispuni Svoju misiju za ljudsko spasenje.

Bog je do najvišeg mjesta uzdigao Isusa, koji so pokoravao volji Božjoj, govoreći: „Da" i „Amin," i dozvolio mnogim ljudima da priznaju da je On Gospod.

Takođe iz ovog razloga, Bog visoko Njega povisi, i darova Mu ime koje je veće od svakog imena, da se u ime Isusovo pokloni svako koljeno onih koji su na nebu i na zemlji i pod zemljom, I svaki jezik da prizna da Isus Hristos je Gospod, na slavu Boga Oca. (Poslanica Filipljanima 2:9-11).

Ime „Gospod Isus" svjedoči o Božjoj moći

Kaže se u Jevanđelju po Jovanu 1:3: „*Sve je kroz Njega postalo, i bez Njega ništa nije postalo što je postalo.*" Kako su sve stvari na svijetu stvorene kroz Isusa, On ima vlast da vlada svim stvarima kao Stvoritelj. Kada je Isus Sin Boga Stvoritelja naredio, beživotne stvari kao što su olujni vjetar i talasi, pokorili su Mu se i smirili se, a drvo smokve se odmah isušilo kada ga je On prokleo. Isus je imao pravo da oprosti grijehe i spasi griješnike od kazne za njihove grijehe. Tako, Isus je u Jevanđelju po Mateju 9:2 rekao paralitičaru: *„Ne boj se, sinko, opraštaju ti se grijesi tvoji,"* a u stihu 6 je rekao: *„,Ali da znate da vlast ima Sin čovječiji na zemlji opraštati grijehe.' Tada On reče uzetom: ,Ustani, uzmi odar svoj i idi doma.'"*

Uz to, Isus je imao moć da iscjeli sve vrste boljesti nemoći, i da oživi mrtve. U Jevanđelju po Jovanu 11, opisuje se scjena kada je mrtav čovjek Lazar izašao iz groba umotanih ruku i nogu u lanene krpe kada ga je Isus pozvao jakim glasom: „Lazare, izađi napolje." On je bio mrtav već četiri dana i osjećao se zadah, ali je izašao iz groba kao zdrav čovjek.

'Na isti način, Isus vam daje sve što poželite sa vjerom zato što On ima čudesnu moć Boga.

Isus Hrist, ljubav Božja

U 1 Jovanova 4:10, kaže se: *„U ovom je ljubav ne da mi pokazasmo ljubav k Bogu, nego da On pokaza ljubav k nama, i posla Sina svog da očisti grijehe naše,"* Bog nam je pokazao Svoju nevjerovatnu ljubav. On šalje Svog jednog i jedinog Sina kao žrtvu okajanja dok smo mi još uvijek bili griješnici. Bog je morao da istrpi veliki bol i otvorio je put ljudskog spasenja kada je Njegov Sin Isus bio zakovan za krst i prolio krv. Kako se Bog ljubavi osjećao kada je morao da vidi Svog jednog i jedinog Sina Isusa razapetog? Bog nije mogao da gleda sjedeći na Svom tronu. U Jevanđelju po Mateji 27:51-54 govori nam se koliko je Bog patio kada je Isus bio razapet.

I gle, zavjesa crkvena razdre se nadvoje od gornjeg kraja do donjeg; i zemlja se potrese, i kamenje se raspade. I grobovi se otvoriše, i ustaše mnoga tijela svetih koji su pomrli; i izašavši iz grobova, po vaskrsenju Njegovom, uđoše u sveti grad i pokazaše se mnogima. A centurion i oni koji s njim čuvahu Isusa vidjevši da se zemlja trese i šta bi, poplašiše se vrlo govoreći: „Zaista ovaj biješe Sin Božji!"

Ovo jasno pokazuje da je Isus razapet ne zbog Njegovih grijehova već zbog velike ljubavi Božje da povede sve ljude na put spasenja. Ipak, toliko mnogo ljudi ne prihvata ili ne razumije ovu nevjerovatnu ljubav Božju.

Nakon Adamove neposlušnosti, ljudska bića nisu mogla da budu sa Bogom i postali su ljudi griješne prirode. Međutim, Isus je došao na zemlju i postao posrijednik između Boga i nas kako bi On mogao da daje blagoslove Emanuila svim ljudima (Jevanđelje po Mateju 1:23). Kroz Isusove boli i patnje na krstu, mi dobijamo istinski mir i odmor.

Stoga, ja se nadam da razumijete veliku ljubav Božju koji nam daje Svog jedinog Sina kao okajagnje da nas iskupi od grijehova i vječne smrti, i požrtvovanu ljubav Gospodnju koji je, iako nevin, bio razapet u naše ime i otvorio put spasenja.

Poglavlje 6

PROVIĐENJE SA KRSTA

- Rođen u štali i položen u jasle
- Isusov život u siromaštvu
- Šiban i prolivajući Njegovu krv
- Noseći krunu od trnja
- Isusova ruho i tunika
- Proboden klinovima kroz Njegove šake I stopala
- Isusove noge nisu polomljene ali je proboden Njegov bok

„*A On bolesti naše nosi i nemoći naše uze na se, a mi mišljasmo da je ranjen, da Ga Bog bije i muči. Ali On bi ranjen za naše prestupe, izbijen za naša bezakonja; kar beše na Njemu našeg mira radi, i ranom Njegovom mi se iscjelismo. Svi mi kao ovce zađosmo, svaki nas se okrenu svojim putem, i GOSPOD pusti na Njega bezakonje svih nas.*"

Isaija 53:4-6

U Božjem planu da stekne istinsku djecu, najvažniji dio je taj da je Isus došao na zemlju kao tijelo, da su mu nanete razne patnje, i da je umro na krstu. Kroz sve ovo, On je ispunio put ka spasenju ljudskih bića.

Božje proviđenje krsta ima duboko duhovno značenje. Isus, jedan i jedini Sin Božji, koji se odrekao vječne slave, rodio se u životinjskom toru, i živeo cijeli život u siromaštvu.

Uz to, šibali su ga i zakovali Mu ruke i noge, nosio je krunu od trnja i prolio krv i vodu jer Mu je bok bio proboden kopljem. Svaka patnja koju je Isus iskusio sadrži nadmoćnu ljubav Božju.

Kada u potpunosti razumijete duhovno značenje krsta i Isusove patnje, vaše srce će zasigurno biti dirnuto ljubavlju Božjom i imaćete iskrenu vjeru. Vi ćete takođe dobiti odgovore za sve nevolje u životu, kao što su siromaštvo i bolesti, kao i vječno kraljevstvo raja.

Rođen u štali i položen u jasle

Isus, koji je po prirodi Bog, bio je vladar svih stvari na nebu i na zemlji i najuzvišenije stvorenje. Uprkos tome, On je došao u tijelu na ovu zemlju da spasi ljudska bića njihovih grijehova i povede ih ka spasenju.

Isus je jedan i jedini Sin Boga Svemogućeg Stvaraoca. Zašto, onda, On nije rođen na nekom luksuznom mestu ili bar u prijatnoj prostoriji? Zar Bog nije mogao da dozvoli da se On rodi na nekom prelijepom mjestu? Zašto je dopustio da se Isus rodi u štali i bude položen u jasle? Postoji duboko duhovno značenje u ovome. Treba da znate da je Isus rođen na duhovno najuzvišeniji način. Premda ljudi ne mogu da vide njihovim tijelesnim očima, Bog je bio toliko zadovoljan Isusovim rođenjem da je okružio bebu Isusa svjetlima slave u prisustvu velike grupe nebeskih vojnika i anđela. Možete osjetiti smisao Njegovog uzbuđenja u jevanđelju po Luki 2:14 koje bilježi sljedeće: „*Slava na visini Bogu, i na zemlji mir, među ljudima sa kojima je On zadovoljan.*" Bog je takođe pripremio dobre pastire i Mudrace sa istoka i odveo ih da odaju počast bebi Isusu.

Sva slava i obožavanje su se dogodili jer će Isus otvoriti vrata spasenja Njegovim dolaskom na svijet, veliki broj ljudi će ući u vječno nebo kao djeca Božja, i Isus Sin Božji će biti Kralj kraljeva i Gospod nad gospodarima.

Božje proviđenje skriveno u rođenju Isusovom

Kada se Isus rodio, Cezar Avgust objavio je naredbu da će se obaviti popis stanovništva na teritoriji cijelog Rimskog carstva. Jevrejski narod je bio pod kolonijalnom vladavinom Rimljana i vratili su se u svoja rodna mjesta da se registruju, poštujući Cezarovo naređenje.

Josif je takođe sa svojom vjerenicom Marijom otišao iz

Galilejskog grada Nazareta u Vitlejem grad Davidov, zato što je pripadao kući i lozi Davidovoj. Marija je bila obećana Josifu, i začela je djete sa Svetim Duhom prije nego što su oni otišli tamo, i tamo je tokom njihovog boravka rodila prvorođenog Isusa. Ime „Vitlejem" znači „Kuća od Hleba" i to je bilo mjesto rođenja kralja Davida (1. Samuelova 16:1). U Mihej 5:2 piše se o gradu Vitlejemu na sljedeći način: „*A ti, Vitlejeme Efrato, ako i jesi najmanji među hiljadama Judinim, iz tebe će mi izaći koji će biti Gospodar u Izrailju. Kome su izlasci od početka, od vječnih vremena.*" Vitlejem je prorokovan kao mjesto rođenja Mesije.

U to vrijeme nije bilo mjesta za Mariju i Jozefa ni u jednoj gostionici, zato što je na hiljade ljudi došlo u Vitlejem da se registruje. Tamo je Marija rodila bebu u štali. Ona Ga je uvila u pelene i stavila jasle, dug sanduk koji se koristi da se hrane krave ili konji.

Onda, zašto je Isus, koji je došao kao Spasitelj ljudskih bića, rođen na tako nizak i skroman način?

Spasiti ljude - životinje

U Propovjedniku 3:18 čitamo: „*Rekoh u srcu svom za sinove ljudske da im je Bog pokazao da vide da su kao stoka.*" Ljudi koji su izgubili sliku Božju su kao životinje u očima Božjim. Prvi čovjek, Adam, je prvobitno bio ljudsko biće stvoreno po slici Božjoj. On je bio i duhovni čovjek zato što ga je Bog učio samo Riječima istine.

Međutim, Adam je pojeo voće sa drveta poznanja dobrog i

zla suprotno Božjoj komandi, tako da je njegov duh umro i nije mogao više da komunicira sa Bogom. Uz to, on više nije bio gospodar sveg stvorenog svijeta. Satana je podsticao Adama da prati griješnu prirodu, i njegovo čisto i istinom ispunjeno srce se promjenilo u griješno i neiskreno srce.

U vašem svakodnevnom životu možda ponekad čujete izraz: „Nije ništa bolji od životinje." Često u medijima čujete o ljudima koji nisu bolji od životinja. Oni za svoje dobro lako obmanjuju i varaju svoje komšije, mušterije, prijatelje, i članove porodice. Roditelji i djeca se mrze i nekada izgledaju spremni da se međusobno poubijaju.

Ljudi se usuđuju da urade takva zla djela zato što duša postaje vladar nad čovjekom od kako je duh umro, a oni su izgubili sliku Božju zbog njihovih grijehova. Kao životinje koje su samo napravljene od duše i tijela, takvi ljudi ne mogu da uđu u raj niti zvati Boga Ava Otac. Isus je rođen u štali da spasi ljudska bića koja nisu ništa bolja od životinja.

Isus je iskrena duhovna hrana

Isus je položen u jasle, sanduk za hranu za konje, da bude iskrena duhovna hrana ljudskim bićima koji nisu ništa bolja od životinja (Jevanđelje po Jovanu 6:51).

Drugim riječima, bilo je to božansko proviđenje da se čovjek povede u potpuno spasenje i omogući mu se da povrati izgubljenu sliku Božju i izvrši potpunu dužnost čovjekovu. Šta je, onda, potpuna dužnost čovjeka? Propovjednik 12:13-14 omogućava nam da sagledamo:

Glavno je svemu što si čuo: Boga se boj, i zapovjesti Njegove drži, jer to je sve čovjeku. Jer će svako djelo Bog izneti na sud i svaku tajnu, bila dobra ili zla.

Šta: „Boga se boj" znači? U Poslovicama 8:13 nam se kaže: „*Strah je Gospodnji mržnja na zlo.*" Dakle, plašiti se Boga je da više ne prihvatate zlo i u isto vrijeme da odbacite sve vrste zla iz unutrašnjosti vašeg srca.

Ako se zaista plašite Boga, treba da date sve od sebe da odbacite svako zlo, i borite se protiv grijeha i odbacite ga do tačke prolivanja krvi. Kao što studenti uče naporno da obezbjede bolju budućnost, vi treba da date sve od sebe da se bojite Boga i da izvršite potpunu čovjekovu dužnost da bi uživali u Božjoj ljubavi i blagoslovu.

U Bibliji, možete da naiđete na Božje zapovjesti koje su date Njegovoj djeci, kao što su: „uradite to; ne činite to; zadržite ovo; i odbacite ono." S jedne strane, Bog nam govori da djeca Božja treba da se: „mole, vole, daju zahvalnost, i još mnogo toga." S druge strane, Bog nam zapovjeda da ne radimo stvari koje vode u smrt, kao što je mržnja, preljuba i pijanstvo.

On nam takođe govori da se povinujemo određenim zapovjestima, kao što je: „Održavaj dan Sabata svetim," „Održavaj svoja obećanja" i slično. Bog nas takođe podstiče da odbacimo nešto štetno, govoreći: „Izbjegni svako zlo," „Odbaci svoju pohlepu," i tako na dalje.

Potpuna dužnost čovjeka je da se boji Boga i da ispunjava Njegove zapovjesti. Bog će da nas smatra odgovornim za svako od naših djela Sudnjeg dana, svaku skrivenu stvar bilo da je ona dobra ili zla. Otuda, kada živite kao životinja bez da brinete o potpunoj dužnosti čovjeka, sasvim je prirodno da upadnete u pakao kao rezultat presude Božje.

Na isti način je Isus rođen u štali i stavljen u jasle da spasi ljude koji nisu ništa bolji od životinja i postao iskrena duhovna hrana za njih.

Isusov život u siromaštvu

U jevanđelju po Jovanu 3:35 kaže se: *„Jer Otac ljubi Sina, i sve dade u ruke Njegove.“* U Poslanici Kološanima 1:16, čitate: *„Jer kroz Njega bi sazdano sve što je na nebu i što je na zemlji, što se vidi i što se ne vidi, bili prijestoli ili gospodstva ili poglavarstva, ili vlasti: sve se kroza Njega i za Njega sazda.“* Drugim riječima, Isus je jedini Sin Boga Stvoritelja, i Gospodar svih stvari na nebu i na zemlji.

Zašto je, onda, On došao na ovaj svijet u veoma niskom i skromnom stanju i živeo u siromaštvu premda je On po prirodi bio Svemogući Bog, i po svim mjerilima bio bogat.

Spasiti ljude od siromaštva

U 2. Korinćanima Poslanici 8:9 čitamo: *„Jer znate blagodat Gospoda našeg Isusa Hrista da, bogat budući, vas radi osiromaši, da se vi Njegovim siromaštvom obogatite.“* Proviđenje čudesne ljubavi Božje je manifestovano u ovome. Isus, mada je bio Kralj kraljeva, Gospod gospodara, i jedini Sin

Boga Stvoritelja, ostavio je svu nebesku slavu, došao na ovaj svijet i živeo u siromaštvu podnoseći prezir i maltretiranje ljudi da bi spasio ljudska bića od siromaštva.

Na početku, Bog je stvorio čovjeka da uzme i jede voće bez znoja i da uživa u srećnom životu bez teškog i napornog rada. Međutim, nakon što prvi čovjek Adam nije poslušao Riječ Božju i iskvario se, čovjek je mogao da jede svoju hranu samo kroz bolne muke i u znoju svoga čela. Zbog ovoga, čovjek često živi u nemaštini i siromaštvu.

Samo siromaštvo nije grijeh, tako da Isus nije prolio svoju krv da nas spasi siromaštva. Ali, siromaštvo je kletva manifestvovana poslije Adamove neposlušnosti prema Bogu, tako da vas je Isus načinio bogatim tako što živite u siromaštvu.

Neki kažu da Isusovo siromaštvo tokom čitavog života znači duhovno siromaštvo. Međutim, zato što je Isusa začeo Sveti Duh i jedan je sa Bogom Ocem, nije ispravno misliti da je On bio duhovno siromašan.

Morate da imate na umu činjenicu da je Isus živeo u siromaštvu da spasi vas siromaštva i da možete da vodite bogat život sa zahvalnošću za ljubav i milost Božju.

Neki kažu da je pogrešno tražiti novac u molitvama. Drugi misle da, ako ste pravi Hrišćanin, treba da živite u siromaštvu. Ipak, to uopšte nije Božja volja.

U Bibliji, vi možete da pročitate mnogo Riječi blagoslova. Kao primjer, čitate u Ponovljenom zakonu 28:2-6:

I doći će na te svi ovi blagoslovi, i steći će ti se, ako
uzaslušaš glas GOSPODA Boga svog: „Blagosloven ćeš

*biti u gradu, i blagosloven ćeš biti u polju. Blagosloven
će biti plod utrobe tvoje, i plod zemlje tvoje i plod stoke
tvoje, mlad goveda tvojih i stada ovaca tvojih.
Blagoslovena će biti kotarica tvoja i naćve tvoje.
Blagosloven ćeš biti kad dolaziš i blagosloven ćeš biti
kad polaziš.*"

U 3. Jovanova Poslanica 1:2 navodi nam: *„Voljeni, Molim se
Bogu da ti u svemu bude dobro, i da budeš zdrav, kao što je
tvojoj duši dobro.*" U stvari, Božji izabranici kao što su Avram,
Isak, Jakov, Josif i Danijel su vodili veoma uspješne živote.

Da vodite bogat život

U Svojoj pravednosti, Bog vam daje da požnjete ono što ste
zasijali. Kao što roditelji žele da daju svojoj djeci samo dobre
stvari, vaš voljeni Bog želi da vam da sve što poželite u vjeri
(Jevanđelje po Marku 11:24).

Bog želi da vam da odgovore i blagoslove, ali vi ne možete da
dobijete ništa ako ne tražite ili kada tražite bez ikakvog
razlikovanja. Stoga, ako pokušate da požnjete nešto iako niste
ništa posijali, vi se podsmevate Bogu i idete protiv duhovnog
zakona.

Neki će možda reći: „Ja želim da posijem, ali ne mogu zato
što sam mnogo siromašan." Međutim, u Bibliji, možete naći
mnogo ljudi koji su bili vrlo siromašni ali su dali sve od sebe da
posiju i zato bogato blagosloveni za nagradu.

U 1. Kraljevima 17, nalazimo da je bilo tri i po godina

gladovanja na zemlji. Dok je još trajala glad, udovica u Sareptu iz Sidona napravila je mali hljebni kolač za proroka Elijaha, mada je sve što je imala bila šaka brašna u ćupu i malo ulja u bokalu. Bog je bio veoma zadovoljan njome što je poslužila Njegovog slugu i blagoslovio je obilno: ćup sa brašnom neće biti ispražnjen a bokal sa uljem neće presušiti sve do dana kada Bog da kišu na zemlji (1. Kraljevima 17:14).

Jednom prilikom u Isusovo vrijeme, neka siromašna udovica stavila je u blagajnu hrama dva novčića koja su vrijedela samo dio od penija. Međutim, Isus je pohvalio, govoreći da je siromašna udovica stavila više od drugih. Ovo je bilo zato što je ona odvojila od svoje sirotinje i stavila sve – sve što je imala, dok su drugi davali jedan dio njihovog imetka (Jevanđelje po Marku 12:42-44).

Najvažnija stvar je vaša namjera da sve date Bogu. Bog ne vidi veličinu vašeg dara već miriše prijatnu aromu ljubavi i vjere sadržanu u tom daru i bogato vas blagoslovi.

Šiban i prolivajući Njegovu krv

Prije raspeća, Rimski vojnici su se podsmijevali i ponižavali Isusa šamarajući Ga po licu, pljujući Ga, i tako dalje. Oni su Ga takođe šibali bičem, dugim kožnim kaišem sa olovnim komadićima na njegovom kraju.

U tim danima, Rimski vojnici bili su jedna od najrobusnijih, dobro disciplinovanih, i najjačih sila na svijetu. Koliko žestok je bio bol kada su Mu oni skinuli odjeću i bičevali Ga? Kada su Mu bičevali tijelo bičem, Njegovo meso se podjeralo, kosti su se vidjele i krv je lila napolje.

Da se ispuni proročanstvo Isaije: „*Leđa svoja podmetah onima koji Me bijahu i obraze svoje onima koji čupahu bradu; ne zaklonih lice Svoje od ruga ni od zapljuvanja.*" (Isaija 50:6), Isus nije pokušao da izbjegne nijedan udarac biča.

Da izliječi oboljenja i bolesti

Zašto je, onda, Isus bio šiban bičem i zašto je lio Svoju krv? Zašto je Bog dozvolio da se ovo dogodi Njegovom Sinu? Isaija 53 objašnjava svrhu Isusove patnje i bola.

Ali On bi ranjen za naše prestupe, izbijen za naša bezakonja; kar beše na Njemu našeg mira radi, i ranom Njegovom mi se iscjelismo. Svi mi kao ovce zađosmo, svaki nas se okrenu svojim putem, i Gospod pusti na Njega bezakonje svih nas. (Isaija 53:5-6).

Isus je bio proboden i slomljen zbog vaših prestupa i bezakonja. On je bio kažnjen, bičevan i krvario je da vama da mir i oslobodi vas od svih bolesti.

U Jevanđelju po Mateji 9, kada je Isus izliječio paralitičara koji je ležao na asuri, On je prvo riješio njegov problem grijeha, govoreći: „*Opraštaju ti se grijesi tvoji*" (Stih 2). I tek tada zar, Isus mu je rekao: „*Ustani, uzmi odar svoj i idi doma*" (Stih 6).

U Jevanđelje po Jovanu, nakon što je Isus izliječio jednog čovjeka koji je bio invalid trideset osam godina, On mu je rekao:

„Eto si zdrav, više ne griješi, da ti ne bude gore" (Jevanđelje po Jovanu 5:14). Biblija nam govori da vas bolesti napadaju zbog vaših grijehova. Tako da vam je potreban neko ko će vas razriješiti grijehova, da se oslobodite bolesti. Bez prolivanja krvi, međutim, ne može biti oproštaja (Levićanski zakonik 17:11). Onda bi zbog toga, u vrijeme Starog Zavjeta, kada neko počini grijeh, svještenik zaklao neku životinju kao žrtvu okajanja. Međutim, više nema potrebe da žrtvujete životinje kao vaše darove nakon što je Isus došao u tijelu na ovaj svijet i prolio Svoju neukaljanu, besprijekornu i moćnu krv. Sveta krv Isusova iskupila je sve grijehove ljudskih bića u prošlosti, sadašnjosti, ili čak u budućnosti.

Da preuzme naše slabosti i bolesti

U Jevanđelju po Mateju 8:17 čitamo: *„Da se zbude šta je kazao Isaija prorok govoreći: ,On nemoći naše uze i bolesti naše odnese.'"* Dakle, ako znate zašto je Isus bio bičevan i prolio Svoju krv, i vjerujete u to, ne morate da patite zbog slabosti i bolesti.

U 1. Petrovoj Poslanici 2:24 čitamo: *„Koji grijehe naše sam iznese na tijelu svom na drvo, da za grijehe umremo, i za pravdu živimo; kog se ranom iscijeliste."* Glagolsko vrijeme Sadašnji perfekat je korišćeno u ovom stihu zato što je Isus već iskupio sve grijehe ljudskih bića.

Bez obzira što tvrdimo da vjerujemo u činjenicu da je Isus ponio naše slabosti i bolesti time što je Njegovim šiban i krvario je, zašto neki od nas još uvek pate od bolesti? Bog kaže u Izlasku 15:26: *„Ako dobro uzaslušaš glas GOSPODA Boga svog, i učiniš što je pravo u očima Njegovim, i ako prigneš uho k zapovjestima Njegovim i sačuvaš sve uredbe Njegove, nijednu bolijest koju sam pustio na Egipćane neću pustiti na tebe; jer sam Ja GOSPOD, lekar tvoj."* Ovo znači da ako radite ono što je ispravno po viđenju Božjem, nijedna bolijest neće vama ovladati, zato što će vas Bog sa Njegovim očima kao vatreni blijesak zaštititi od njih.

Hajde da uzmemo jedan primjer. Kada dijete dođe kući plačući jer je dobilo batine od komšijskog djeteta, odgovor roditelja i stav prema ovom incidentu može biti veoma različit u zavisnosti od njihove vjere.

Neko može učiti svoje dijete ovako: „Zašto si uvek ti taj koji je pretučen? Ako si jednom pretučen, bolje da mu vratiš udarcima dva ili tri puta." Drugi roditelj će možda posetiti roditelja djeteta koje je pretuklo njegovo dijete i žaliti mu se. Neki drugi roditelj neće postupiti ni na jedan ni na drugi način, već će biti mnogo ljut ili ogorčen u srcu.

Ipak, Bog vam govori da prevaziđete zlo sa dobrotom, volite čak i svoje neprijatelje, i težite ka miru sa svakim, govoreći: *„A ja vam kažem da se ne branite oda zla, nego ako te ko udari po desnom tvom obrazu, obrni mu i drugi"* (Jevanđelje po Mateju 5:39).

Prema tome, ako radite ono što Bog smatra ispravnim, nije vam teško da se držite Božjih zapovesti i naredbi. Kada nastavite da se molite i trudite, Božja milost i moć će doći na vas i vi lako možete da radite sve uz pomoć Svetog Duha.

Ako odbacite grijehe i radite ono što je ispravno u Božjim očima, bolesti ne mogu da vas savladaju. Čak iako vas bolesti savladaju, Bog Iscjelitelj oprašta vaše grijehove i liječi vas u potpunosti kada pokušate da shvatite šta je loše u Božjim očima i pokajete se svim srcem.

Čak iako priznate vašim usnama da je Bog svemoguć, ako se oslanjate na svijet ili idete u bolnicu kada se suočite sa problemom ili boliješću, Bog nije zadovoljan sa vama zato što ovo dokazuje da vi ne vjerujete iskreno u Svemogućeg Boga (2 Knjiga Dnevnika 16).

Noseći krunu od trnja

Kruna je u stvari za kralja sa njegovim kraljevskim ogrtačem. Iako je Isus bio jedan i jedini Sin Božji, Kralj nad kraljevima i Gospod nad gospodarima, On je nosio krunu napravljenu od dugog i oštrog trnja umjesto predivnu krunu napravljenu od zlata, srebra i dragog kamenja.

Tada vojnici guvernerovi odvedoše Isusa u sudnicu i okupiše oko Njega cijelu četu vojnika. I svukavši Ga obukoše Mu skerletnu kabanicu. I opletavši vijenac od trnja metnuše Mu na glavu, i dadoše Mu trsku u desnicu; i kleknuvši na koljena pred Njim rugahu Mu se govoreći: „Zdravo, Kralju Jevreja!" I pljuvaše na Njega, i uzeše trsku i počeše da Ga biju po glavi. (Jevanđelje po Mateju 27:27-30).

Rimski vojnici su uvrnuli trnje iznutra kako bi učinili krunu preuskom za Isusa, i čvrsto je postavili na Njegovu glavu. Tako je trnje probolo Njegovu glavu i čelo, a krv je tekla niz Njegovo lice. Zašto je Svemogući Bog dozvolio da Njegov jedan i jedini Sin nosi krunu od trnja, pati od iscrpjujućeg bola i proliva Svoju krv?

Prvo, Isus je nosio krunu od trnja da nas iskupi od grijehova koje smo počinili u mislima.

Kada je čovjek, koga je stvorio Bog, komunicirao sa Njim i povinovao se Njegovoj Riječi, on nije počinio grijeh zato što je uvijek razmišljao saglasno sa Božjom voljom i slušao Ga. Međutim, kada ga je jednom zavela zmije i kad je primio misao koju je poslao Satana, on je ubrzo počinio grijeh. On nikad prije toga nije pomislio da pojede plod sa drveta poznaje dobra i zla. Međutim, nakon što je bio doveden u iskušenje, pojeo ga je zato što je njegovom oku izgledalo dobro i ukusno za jelo, a isto tako i poželjno za sticanje mudrosti.

Isto tako, Satana, koji je poveo prve ljude Adama i Evu da ne poslušaju Boga, sada radi na tome da vas povede da načinite grijehove u mislima.

U ljudskom mozgu postoje ćelije zadužene za memoriju. Od samog rođenja, šta ste vidjeli, čuli i naučili smješteno je u memorijske ćelije zajedno sa vašim ličnim osjećanjima prema određenim događajima, osobama i informacijama. Mi ovo zovemo „znanje." Šta mi zovemo „misao" je proces reprodukcije ovog skladištenog znanja kroz rad vaše duše.

Ljudi su odrasli u različitim okruženjima. Šta su oni vidjeli, čuli i naučili je različito od osobe do osobe i različito je ono što je doprlo do njihovog mozga. Čak i da je isto ono što su vidjeli, čuli i naučili, svako je imao sopstvena osećanja u to vrijeme i tako, neizbežno je da ljudi imaju različita vrednovanja.

Riječ Božja često se ne podudara sa našim znanjem i teorijom. Na primjer, možda mislite da ako želite da budete uzdignuti, vi morate da preduzmete sve moguće korake da pobjedite druge. Međutim, Bog vas uči da će svako ko unizi sebe biti uzdignut (Jevanđelje po Mateju 23:12).

Mnogi ljudi misle da je sasvim prirodno da mrze svoje neprijatelje, ali Bog vas uči da „Volite svog neprijatelja" i „Ako je vaš neprijatelj gladan, nahranite ga; ako je žedan, dajte mu nešto da popije."

Božje misli su duhovne dok su čovječje misli tjelesne. Satana vam daje tjelesne misli tako da vas one dovode u iskušenje da izbegavate Boga, odvraćaju vas od postizanja istinske vjere i navodi vas da pratite ovozemaljske puteve, koji na kraju vode ka griješnoj i vječnoj smrti.

U Jevanđelju po Mateju 16:21 i kasnijim stihovima, Isus je objasnio Svojim učenicima da će On propatiti mnogo patnji, i da On treba da bude ubijen na krstu i vaskrsnut u život trećeg dana. Kada je ovo čuo, Petar je odveo Isusa na stranu i počeo da Mu prigovara, govoreći: „*Bože spriječi to, Gospode! Ovo se nikad neće Tebi desiti*" (Stih 22). Međutim, Isus se okrenuo i ljutito rekao Petru: „*Idi od Mene Sotono! Ti si mi kamen spoticanja; jer ne misliš šta je u Božjem interesu, nego u ljudskom*" (Stih

23). Kada je Isus ljutito rekao „Idi od Mene Sotono," On nije mislio da je Petar Satana, nego da je Satana lično djelovao u Petrovim mislima kako bi spriječio Božje djelo.

To je zato što je Isus morao da nosi krst za spasenje čovječanstva u skladu sa Božjom voljom, ali je Petar pokušao da Ga spriječi u izvršavanju Božje volje svojim tjelesnim mislima. Apostol Pavle piše u 2. Poslanici Korinćanima 10:3-6 sledeće:

> Jer ako i živimo po tijelu, ne borimo se po tijelu. Jer oružje našeg vojevanja nije tjelesno, nego silno od Boga za rušenje utvrđenja. Mi kvarimo pomisli I svaku visinu koja se podiže na poznanje Božje, i robimo svaki razum za pokornost Hristu, I u pripravnosti imamo osvetu za svaku nepokornost, kad se izvrši vaša pokornost.

Vi morate da razorite vaše lične argumente i rezonovanje, koji su često namješteni tako da rade protiv kraljevstva Božjeg. Suzdržite svaku misao da bi je pokorili Isusu kako bi živjeli u skladu sa istinom, i tada ćete postati osoba duha i vjere.

Vi treba da odbacite misao da morate da vratite nekom udarac dvaput kako ne bi bili osramoćeni, kad vas on jednom udari zato što je ova tjelesna misao protiv istine.

Zato morate da odbacite sve grijehove koji dolaze u vaše misli. Da bi kompletno riješili problem grijehova, vi bi pre svega trebalo da se odreknete tjelesnog bluda, bluda vaših očiju i ponosa vašeg života. Ovo su neiskrene misli u kojima Satana uživa.

Tjelesni blud, to jest, misli koje proizilaze iz njegovog uma

(Sataninog, prim. prev.), su želje protiv volje Božje. Poslanica Galaćanima 5:19-21 nabraja takve požude:

A poznata su djela tjelesna, koja su preljubočinstvo, kurvarstvo, nečistota, besramnost, idolopoklonstvo, čaranja, neprijateljstva, svađe, pakosti, srdnje, prkosi, raspre, sablazni, jeresi, zavisti, ubistva, pijanstva, žderanja, i ostala ovakva za koja vam napred kazujem kao što i kazah napred, da oni koji tako čine neće naslijediti carstvo Božje.

Sama želja da se čini ono što vam Bog komanduje da odbacite je pohota tijela.

Požuda nečijih očiju znači da na nečiji um počinje mnogo da utiče ono što vidi i čuje i on počinje da teži željama koje se javljaju u njegovom umu. Kada jedinka voli svijet zadovoljavajući požudu svojih očiju, samo mu ove želje izgledaju vrijedne i on ne može biti zadovoljan ni sa čim.

Hvalisavi um izrasta u osobi kada neko počne da uživa u zadovoljstvima svijeta u svom nastojanju da zadovolji žudnje griješnog čovjeka i požudu njegovih očiju. Ovo je poznato kao ponos života.

Da nas iskupi od svih vrsta nemoralnosti, nezakonitosti i zla, Isus je nosio krunu od trnja i prolio Svoju krv. Pošto nas jedino neokaljana i čista krv Isusova može iskupiti od naših grijehova, On nas je iskupio od svih grijehova počinjenih u našim mislima tako što je nosio krunu od trnja na Svojoj glavi i prolio Svoju krv.

Drugo, Isus je nosio krunu od trnja da omogući ljudima da nose bolje krune u raju.

Drugi razlog za Njegovo nošenje krune od trnja je da vam omogući da dobijete bolje krune. Kako vas je On spasio od siromaštva i dao vam bogatstvo time što je vodio siromašan život, tako je On nosio i krunu od trnja da vam omogući da dobijete bolje krune u raju.

Postoji u raju nebrojeno kruna pripremljenih za Božju djecu. Postoje nagrade kao što su zlatne medalje, srebrne medalje ili bronzane medalje koje se daju pobednicima u zavisnosti od njihovog uspjeha na sportskom takmičenju. Isto tako, postoje razne krune u raju.

Postoji neraspadljiva kruna kao što je opisano u 1. Poslanici Korinćanima 9:25: *„Svaki pak koji se bori od svjega se uzdržava. Oni dakle da dobiju raspadljiv venac, a mi neraspadljiv.*" Neraspadljiva kruna je pripremljena za onu Božju djecu koja nastoje da otjeraju svoje grijehe. *Kruna slave* je pripremljena za one koji otjeraju svoje grijehe i žive u skladu sa Riječju Božjom i slave Ga (1. Petrova Poslanica 5:4). Kruna života je takođe pripremljena za one koji uzvišeno vole Boga, vjerni su Mu po cijenu smrti i postali su sveti time što su se odrekli svakog zla (Jakovljeva Poslanica 1:12; Otkrivenje 2:10).

Kruna pravednosti je data onima koji, kao apostol Pavle, postanu sveti tako što odstrane sve svoje grijehove i još dalje, ispune kompletno svoju misiju u skladu sa Božjom voljom (2. Timoteju Poslanica 4:8).

Takođe je opisano u Otkrivenju 4:4: *„I oko prijestolja behu* *dvadeset i četiri prijestolja; i na prijestoljima videh dvadeset i četiri starješine gde sjede, obučene u bijele haljine, i imahu krune zlatne na glavama svojim.*" Kruna od zlata je pripremljena za ljude koji su dostigli nivo starješine i koji će pomagati Bogu u Novom Jerusalimu.

Ovde, „starješine" se ne odnosi na ljude koji su dobili titule u ovozemaljskim crkvama, nego opisuje ljude koje je Bog prepoznao kao starješine zato što su sveti i vjerni u cijeloj kući Božjoj, i imaju zlatnu nepromenljivu vjeru.

Bog daje različite krune Svojoj djeci zavisno od granice do koje su se odrekli grijehova i ispunili Božju misiju. Djeca Božja biće velika u raju i primiće bolje krune ako ne misle o tome kako da zadovolje želje griješne prirode i ako se ponašaju odgovarajuće u skladu sa Riječju Božjom (Poslanica Rimljanima 13:13-14), ako im se duša i tijelo podudaraju dok žive po Duhu (Poslanica Galaćanima 5:16), i ako oni vjerno izvršavaju svoju dužnost i misiju!

Isto tako, Isus vas je iskupio od svih grijehova počinjenih u vašim mislima tako što je nosio krunu od trnja i prolio krv. Kako zahvalni treba da budete zato što je On pripremio bolje krune u raju da vam ih da u skladu sa mjerom vaše vjere i ispunjenjem vaše misije!

Zbog toga morate da shvatite kako veličanstveno je biti kvalifikovan za dobijagnje ovih kruna. Onda biste imali srce vašeg Gospoda tako što bi se odrekli sveg zla, bili zadovoljni svojom misijom i bili vjerni u svoj Božjoj kući. Ja se nadam da ćete u raju vi dobiti najbolju krunu koju možete.

Isusova ruho i tunika

Isus, koji je nosio krunu od trnja i krv mu je lila po cijelom tijelu zbog žestokog bičevanja, došao je na Golgotu, na mjesto raspeća. Kad su Rimski vojnici razapeli Isusa, uzeli su Njegove haljine, podelili ih na četiri dijela, po jedan za svakog od njih. Oni nisu podelili tuniku nego su bacili kocku za nju.

A vojnici kad razapeše Isusa uzeše Njegove haljine i načiniše četiri dijela, svakom vojniku po dio, i dolamu; a dolama ne beše šivena nego izatkana sva s vrha do dna. Onda rekoše među sobom: „Da je ne deremo, nego da bacamo kocke za nju kome će dopasti." Da se zbude pismo koje govori: „Razdijeliše haljine Moje među sobom, a za dolamu Moju baciše kocke. Vojnici, dakle, tako učiniše." (Jevanđelje po Jovanu 19:23-24).

Zašto Riječ Božja objašnjava do detalja o Isusovoj haljini i tuniki? Istorija Izraela od 70.god. Ljeta Gospodnjeg je duboko povezana sa duhovnom implikacijom ovog događaja.

Biti svučen i raspet

Po Jevanđelju po Mateju 27:22-26, na zahtjev Izraelaca koji nisu priznavali Isusa kao Mesiju, Pontije Pilat je osudio Isusa na raspeće nakon što Ga na razne načine ismiju i prezru.

Nakon što je nosio krunu od trnja i bio ismijan i prezren, nosio je krst na Golgotu i bio razapet tamo. Pilat je naredio vojnicima da stave pismenu optužbu protiv Njega iznad Njegove glave, gde je pisalo: *„OVO JE ISUS KRALJ JEVREJA "* (Jevanđelje po Mateju 27:37). Natpis je bio napisan na jevrejskom, latinskom i grčkom. Jevrejski je bio tradicionalni jezik Jevreja, odabranog Božjeg naroda. Latinski je bio službeni jezik Rimskog carstva, najmoćnije nacije u to vrijeme, a grčki je bio jezik koji je dominirao svijetskom kulturom tog doba. Tako, natpis napisan na ova tri jezika simbolizuje da je cio svijet priznao Isusa kao kralja Jevreja i Kralja nad kraljevima.

Nakon što su pročitali natpis, u Jevanđelju po Jovanu 19:21-22, mnogi Jevreji su protestvovali Pilatu da ne piše: „Kralj Jevreja," nego umjesto toga da piše: „On je rekao: ,Ja sam Kralj Jevreja.'" Međutim, Pilat im je odgovorio: „Šta sam napisao, napisao sam," i ostavio ga nepromijenjenim. Ovo znači da je čak i Pilat priznao Isusa kao kralja Jevreja.

Pošto je Pilat je priznao da je Isus kralj Jevreja, On je zaista jedini Sin Božji, Kralj nad kraljevima i Gospodar nad gospodarima. I pored toga, pred mnogo ljudi koji su Ga posmatrali, Isusu su skinuli odeću i tuniku i razapeli ga na krstu. Na taj način, On je pretrpio tako srceparajuću sramotu.

Mi živimo u ovom poročnom svijetu, zaboravljajući potpunu dužnost čovjeka. I da nas iskupi od svih vrsta srama, prljavštine, poročnosti, bezakonja i nemoralnosti, Isus, Kralj nad kraljevima, je lišen odjeće i tunike i trpio sramotu dok su Ga mnogi ljudi gledali. Ako razumijete duhovno značenje ovoga, vi ne možete ništa drugo nego da budete zahvalni za to.

Dijeljenje Isusove haljine na četiri dijela

Rimski vojnici su skinuli Isusa golog i razapeli Ga. Oni su uzeli Njegovu odjeću i podijelili je na četiri dijela, ali su za tuniku bacali kocku. Zdrav razum nam govori da Njegova odjeća nije mogla biti lijepa ili skupa. Onda, zašto su vojnici podijelili njegovu odjeću na četiri dijela?

Da li su oni znali, u dalekovidoj mudrosti, da će Isus biti uvažen kao Mesija i da li su oni htjeli da pribave bar dio odjeće da ostave svojim potomcima kao vrijedno porodično blago? Ne, to nije bio slučaj.

Psalm 22:18 predskazuje: „*Dijele haljine Moje među sobom, i za dolamu moju bacaju kocku.*" Bog je dozvolio Rimskim vojnicima da uzmu Njegovu odjeću kako bi ispunili ovaj stih (Jevanđelje po Jovanu 19:24).

Onda, kakvu duhovnu implikaciju ima Isusova odjeća? Zašto su oni podijelili Njegovu odjeću na četiri dijela, po jedan za svakog? Zašto nisu podijelili njegovu tuniku? Zašto je Bog dozvolio da se ova priča napiše unaprijed?

Pošto je Isus kralj Jevreja, Isusova odjeća predstavlja Izraelsku naciju ili Jevrejski narod. Kako su Rimski vojnici podijelili odjeću na četiri dijela, odjeća je izgubila svoj oblik. Ovo implicira da će Izrael kao nacija biti uništen. Takođe ukazuje da će ime Izrael ostati kao što su i dijelovi odjeće ostali. Poslije svega,

Riječi napisane o Njegovoj odjeći predskazuju da će Jevrejski narod biti rasejan na sve strane kao rezultat propasti njihove nacije. Istorije Izraela dokazuje da je ovo proročanstvo ispunjeno. U roku od 40 godina poslije Isusove smrti na krstu, Rimski general po imenu Titus razorio je Jerusalim. Hram Božji je kompletno uništen da nije ostao ni kamen na kamenu. Pošto je Izraelska nacija prestala da postoji, Jevreji su posvuda rasijani, progonjeni pa čak i ubijani. Ovo objašnjava zašto Jevreji žive po cijelom svijetu čak i do današnjeg dana.

Jevanđelje po Mateju 27:23 oslikava užasnu scjenu u kojoj Pilat govori bezbožnoj masi da Isus nije kriv, ali oni su još jače vikali da raspe Isusa. Na to, Pilat je uzeo vodu i oprao ruke da pokaže da on nije odgovoran za smrt nevinog Isusa, i rekao: *„Ja nisam kriv za krv ovog Čovjeka; uvjerite se u to sami.“* (Stih 24). Onda je rulja odgovorila: *„Njegova krv će biti na nama i našoj djeci!“* (Stih 25).

Prepoznatljiv podatak je da istorija Izraela jasno pokazuje da su mnogi Jevreji i njihovi potomci prolivali krv, kao da ispunjavaju zahtjeve Pontiju Pilatu. U četiri decenije poslije Isusove smrti, 1,1 milion Jevreja je ubijen. Nadalje, tokom drugog svjetskog rata nacistička Njemačka ubila je oko 6 miliona Jevreja. Film „Šindlerova lista" oslikava tragične scjene u kojima su Jevreji, bez obzira dali su muškarci ili žene, stari ili mladi, bili ubijani goli. Čak i kriminalcu je dozvoljeno da obuče čistu odjeću kada treba da bude pogubljen, ali Jevreji su skidani goli kada su ubijani.

Jevreji nisu priznali Isusa Mesiju i skinuli su Ga golog i

razapeli Ga. Kako su vikali: „Njegova krv će biti na nama i našoj djeci," strašna beda se nadvila nad narodom Izraelskim kroz vijekove.

Isusova bešavna tunika izatkana u jednom komadu

Jevanđelje po Jovanu 19:23 opisuje Isusovu tuniku: „*A dolama bješe bešavna, izatkana u jednom komadu.*" Ovde, „bešavna" u ovom stihu znači da tunika nije ušivanjem sastavljena od nekoliko dijelova platna. Mnoge ljude ne interesuje kako je njihova odjeća napravljena ili da li je izatkana od vrha do dna ili od dna ka vrhu. Onda, zašto Biblija opisuje Isusovu tuniku do detalja?

Biblija nam govori da je praotac svih ljudskih bića Adam, praotac vjere je Avram a praotac Izraela je Jakov. Bog nas uči da praotac Izraela nije Avram nego Jakov zato što su dvanaest plemena Izraela nastala od dvanaest Jakovljevih sinova. Osnivač nacije Izraela je Jakov iako je praotac vjere Avram.

Bog je takođe blagoslovio Jakova u Postanku 35:10-11 na ovaj način:

> „*Ime ti je Jakov; ali se odsada nećeš zvati Jakov, nego će ti ime biti Izrael.*" *I nadede mu ime Izrael. I još mu rječe Bog: „Ja sam Bog Svemogući; budi plodan i množi se; narod i mnogi će narodi postati od tebe, i kraljevi će izaći iz bedara tvojih.*"

Po Riječi Božjoj spomenutoj u ovim stihovima, Jakovljevih

dvanaest sinova formirali su kičmu Izraela i Izrael je bila ujedinjena zemlja dok nije podjeljena u danima Kralja Rovoama na Izrael na sjeveru i Judeju na jugu.

Kasnije se Izrael na sjeveru pomiješao sa nejevrejima ali je Judeja ostala ujedinjena. Danas se narod Judeje zove Jevreji.

Činjenica da je Isusova tunika bila bešavna, izatkana odozgo do dole u jednom komadu, znači da je nacija Izraela do dannašnjeg dana održala svoje jedinstvo i identitet kao potomci Jakova.

Bacanje kocki za neiscijepanu Isusovu Tuniku

Ovde, tunika označava srce naroda. Pošto je Isus kralj Izraela, Njegova tunika predstavlja srce jevrejskog naroda.

Izraelci su, kao Božji narod izabran preko njihovog praoca vjere Avrama, obožavali istinitog Boga iznad svjega. Činjenica da oni nisu podijelili tuniku ukazuje da je duh izraelskih Jevreja koji obožavaju Boga dobro očuvan bez da je pokidan na komade čak i kada je nacija ili vlada Izraela bila ponekad uništena.

U stvari, Biblija proriče da bezbožnici nisu mogli da unište duh Izraelaca trajno usađen u njihovim srcima. Drugim riječima, njihova ljubav prema Bogu je čvrsto održavana, čak i kad bi nacija Izraela bila uništena od strane bezbožnika. Zato što oni imaju tako nepromjenljivo srce, Bog je odabrao izraelce kao svoj narod i upotrebio ih da uspostavio Svoje kraljevstvo i pravednost.

Čak i danas, Izraelci nastoje da ispoštuju zakon sa nepromjenjenim srcem. To je zato jer su oni potomci Jakova koji i sam nije imao prevrtljivo srce. Izraelci su iznenadili cio svijet dobijagnjem svoje nezavisnosti 14 maja, 1948.god., dugo vremena nakon što su izgubili svoju zemlju. Poslije toga, oni su se brzo razvili kao jedna od naprednih i uticajnih zemalja, i još jednom prikazali svoju izvrsnost i nacionalni duh.

Kao što rimski vojnici nisu mogli da podjele Isusovu tuniku, koja je bila bez šavova, izatkana u jednom komadu odozgo do dole, tako i bezbožnici ne mogu uništiti duh Izraelaca koji obožavaju Boga. Poslije svega, Izraelci kao nasljednici Jakova su ustanovili nezavisnu državu i ispunili Božju volju kao Njegov izabrani narod.

Proročanstvo u Bibliji o Izraelu na kraju vremena

Kad je Bog prorekao istoriju Izraela kroz Isusovo ruho i tuniku, On nam je takođe dao i nagoveštaj o poslijednjim danima svijeta.

Jezekilj 38:8-9 piše:

Poslije mnogo dana bićeš pozvan, i u poslijednjim godinama doći ćeš u zemlju koja je izbavljena od mača i čiji stanovnici behu sabrani iz mnogih naroda, u planine Izraelske, koje behu jednako puste, a oni će izvedeni iz naroda svi živjeti bez straha. "Podignućeš se, doći ćeš kao bura; bićeš kao oblak da pokriješ zemlju ti i sve čete tvoje i mnogi ljudi sa tobom."

„Poslije mnogo dana" u stihovima je period vremena od rođenja Isusovog do Njegovog drugog dolaska, a „u poslijednjim godinama" odnosi se na poslijednje godine pred Isusov drugi dolazak. „Planine Izraelske" ukazuju na Jerusalim, koji je lociran na visoravni oko 760 metara iznad površine mora. Zbog toga, riječi da da će se mnogo ljudi iz mnogo zemalja skupiti predskazuje da će se Izraelci iz cijelog svijeta vratiti u svoju postojbinu kad se približi Povratak Isusov.

Ovo predskazanje se ispunilo kada je Izrael bio uništen od strane Rimskog carstva u godini 70-oj poslije Hrista, a on dobio svoju nezavisnost 1948.god. Izrael je bio opustošen dok nije postao nezavistan, ali je izrastao u jednu od najrazvijenih zemalja u svijetu.

Novi Zavjet takođe predskazuje nezavisnost Izraela. Isus nam u jevanđelju po Mateju 24:32-34 kaže sljedeće:

Od smokve naučite se priči: kad se već njene grane pomlade i ulistaju, znate da je blizu ljeto. Tako i vi kad vidite sve ovo, znajte da je On blizu, na vratima. Zaista vam kažem, ovaj naraštaj neće proći dok se ovo sve ne zbude.

Ovo je bio Isusov odgovor učenicima koji su Ga pitali o znacima za Njegov drugi dolazak i za kraj svijeta.

Smokvino drvo u stihovima se odnosi na Izrael. Kada lišće sa drveta opadne i hladni vjetrovi duvaju, vi znate da je zima blizu. Isto tako, čim mladice izrastu i lišće izlista, vi znate da je blizu ljeto. Ovim upoređenjem, Isus objašnjava da kad Izrael bude obnovljen poslije mnogo vremena uništenja i kad Izraelci dobiju svoju nezavisnost, Isusov Drugi dolazak će biti uskoro.

Vi ne znate koliko dugo će trajati „ovaj naraštaj" koji je Isus spomenuo u stihovima, ali znate da će ono što On rekao sigurno biti ispunjeno. Već ste svjedoci nezavisnosti Izraela, tako da je veoma lako uočiti da je Isusov Drugi dolazak veoma blizu.

Znaci o kraju svijeta

U jevanđelju po Mateju 24, kada Ga Njegovi učenici pitaju za znake o kraju svijeta, Isus im je u detaljima objasnio. Međutim, On nije rekao tačan sat i dan, govoreći: *„A o danu tom i času niko ne zna, čak ni anđeli nebeski, niti Sin, nego samo Otac"* (Jevanđelje po Mateju 24:36).

Ovo samo znači da On kao Sin Čovječji koji je na ovaj svijet došao u tjelesnom obliku, nije znao tačan čas ili dan. Ovo ne znači da Isus kao jedan od Svetog Trojstva nije to znao poslije Njegovog raspeća, vaskrsnuća i uspijeća na nebo.

Govoreći mnoge stvari o znacima o kraju svijeta, Isus vas je upozorio: *„I što će se bezakonje umnožiti, ohladneće ljubav mnogih. Ali koji pretrpi do kraja, on će biti spašen"* (Jevanđelje po Mateju 24:12-13).

Danas možete bolno osetiti da poročnost raste a ljubav se hladi. Vi ćete rijetko naći blagonaklonost. Isus je u jevanđelju po Mateju 24:14 rekao: *„I propovjedaće se ovo jevanđelje o carstvu po svemu svijetu za svjedočanstvo svim narodima, i tada će doći kraj."* Ovo jevanđelje je već propovjedano u svim dijelovima svijeta.

Šta više, mi živimo u „globalnom selu" u kome je svaki ćošak zemaljske kugle dostupan ili transportom ili komunikacijom.

Takođe, ovaj fenomen je predskazan u Danilu 12:4: „*A ti Danilo zatvori ove riječi i zapečati ovu knjigu do poslednjeg vremena; mnogi će pretraživati, i znanje će se umnožiti.*" Ovo jevanđelje se brzo proširilo kroz cio svijet u ovakvom okruženju.

Istina je da čak i da je ovo jevanđelje propovjedano cijelom svijetu, moguće je da postoje neki ljudi koji ne prihvataju Isusa zato što oni ne otvaraju svoja srca. Ili, možda postoje neka udaljena mjesta gde sjeme jevanđelja još nije posijano. Proročanstva iz Starog Zavjeta su se sva ispunila i većina proročanstva u Novom Zavjetu su skoro sva ispunjena. Cijelo Sveto Pismo je nadahnuto kroz Sveti Duh. Zato, Riječ Božja je tačna i ne sadrži grešku. Najmanje slovo ili najmanji zapis olovke neće biti promenjen u Riječi. Bog je ispunio Njegovu Riječ i obećanja, i samo malo stvari ostaje neispunjeno, uključujući Drugi dolazak našeg Gospoda Isusa Hrista, sedam godina Velikog Stradanja, Novi milenijum i Sud Velikog Belog Prijestolja.

Proboden klinovima kroz Njegove šake i stopala

Raspeće je bilo jedno od najsurovijih metoda egzekucije za ubice i izdajnike. Čovjekove ruke bi bile razapete na drveni krst. Osoba je bila prikovana kroz obe šake i stopala. On je obješen na krstu dugo vremena dok ne umre. Tako je čovjek doživljavao strahovit bol do zadnjeg daha.

Sin Božji Isus je činio samo dobra djela i nije imao krivicu ni mrlju na ovome svijetu. Zašto je onda Isus prikovan kroz obe šake i stopala da proliva Svoju krv na krstu?

Bol zbog toga što je prikovan kroz šake i stopala

Isus je osuđen na smrt raspećem na krstu i došao je na mjesto izvršenja, Golgotu. Jedan rimski vojnik je držao veliki gvozdeni klin a drugi koji je imao čekić počeo je na komandu centuriona da zakiva Njegove šake i stopala. Onda su oni podigli krst. Možete li da zamislite koliko bolno je to bilo?

Nedužni Isus je morao da trpi bolove kada su veliki klinovi zakovani u Njegovo tijelo i kada je Njegovo tijelo povučeno dolje svojom težinom a zakovani dijelovi tijela pokidani.

Kada nekom odsjeku glavu, bol prestane u trenutku. Ali, umiranje na krstu je bilo utoliko mnogo bolnije zato što čovjek visi, krvari i pati od dehidracije i iscrpljenosti do momenta smrti.

Štaviše, po sunčanom danu u pustinji, razne vrste insekata i štetočina letjelo je po Njegovom pokidanom tijelu kako bi sisalo krv koja je lila iz Njegovih rana na probodenim šakama i stopalima. Povrh svega toga, bezbožni ljudi su upirali prstom u Njega, pljuvali Ga, ismijavali Ga, vređali i kleli Ga. Neki su čak prezrivo govorili: *„ Ti koji crkvu razvaljuješ i za tri dana načinjaš, spasi Sebe! Ako si Ti Sin Božji, siđi dolje sa krsta!"* (Jevanđelje po Mateju 27:40).

Nepodnošljiv bol je pratio Isusa tokom Njegovog raspeća. Ipak, Isus je znao da njegovo nošenje grijehova i kletvi tako što umire na krstu je otvorilo put ka iskupljenju čovječanstva od njihovih grijehova i činilo ih Božjom djecom. Umjesto toga Njegov pravi bol dolazio je iz drugog izvora. Još uvijek je bilo nekih ljudi koji nisu znali ovo Božje proviđenje ili koji nisu primili spasenje u svojoj bezbožnosti. Ovo je Njemu nanijelo još veći bol.

Grijehovi počinjeni šakama i stopalima

Jednom kada se griješna misao začne u srcu, srce navodi šake i stopala da počine grijehove. Pošto postoji duhovni zakon koji kaže da je plata za grijeh smrt, kada počinite grijehove, vi morate da upadnete u pakao i tamo patite zauvijek.

Zato Isus kaže: „*Ako ti noga uzrokuje da hramlješ, odsjeci je; bolje je za tebe da ideš kroz život hrom, nego da, imajući obe noge, budeš otjeran u pakao[gde njihov crv ne umire, a vatra je neprekidna.] Ako te oko tjera da se saplićeš, odbaci ga; bolje je za tebe da uđeš u carstvo nebesko sa jednim okom, nego da, imajući oba oka, budeš bačen u pakao.*" (Jevanđelje po Marku 9:45-47).

Koliko puta ste vi od rođenja učinili grijehove sa vašim šakama i stopalima? Neki u bijesu tuku druge ljude. Neki kradu, dok neki drugi još uvijek gube svoja bogatstva kockajući se. Ljudi postaju nasilni stopalima i idu tamo gdje ne bi trebalo da idu. Zbog toga, ako vas stopala tjeraju na grijeh, bolje je da ih odsječete i odete u raj nego da budete sa oba stopala bačeni u pakao.

Takođe, koliko ste grijehova počinili sa svojim očima? Pohlepa i preljuba vas obuzimaju kada svojim očima vidite nešto

što ne bi trebalo da vidite. Zato je Isus rekao da, ako vas oči tjeraju na grijeh, bolje bi bilo da ih izvadite i uđete u raj nego da, nakon što očima počinite grijeh, budete bačeni u pakao.

U vrijeme Starog Zavjeta, ako je neko počinio grijeh svojim okom, ono je bilo iskopano; ako je neko počinio grijeh svojom šakom ili stopalom, njegova šaka ili stopalo su bili odsječeni; ako je neko počinio ubistvo ili preljubu, on bi trebalo da se kamenuje do smrti (Deuteronomija, Ponovljeni Zakon 19:19-21). Da nije bilo patnje Isusa Hrista na krstu, djeca Božja bi čak i danas odsjecala svoje ruke i noge ako su njima počinili grijehove. Ipak, Isus je uzeo krst, bio prikovan kroz šake i stopala i prolio Svoju krv. Radeći ovo On je oprao grijehove koje ste učinili vašim šakama i stopalima i više ne morate da patite ili plaćate cijenu za sopstvene grijehove. Kako velika je Njegova ljubav!

Vi morate da imate na umu da vas On pročišćava od svih vaših grijehova ako hodate u svjetlu pošto je On u svjetlu, i ako ispovjedate svoje grijehove i okrenete se Njemu (1. Jovanova Poslanica 1:7).

Zbog toga, veoma je važno da ispunite svoje srce istinom kako bi vodili pobjednički život sa zahvalnim i milostivim srcem koje je uvijek fokusirano na Boga.

Isusove noge nisu polomljene ali je proboden Njegov bok

Petak je bio dan na koji je Isus umro, dan prije Sabata. U to doba, subota je bila upražnjavana kao Sabat, i Jevreji nisu htjeli da tijela budu ostavljena na krstovima tokom Sabata.

Tako, kao što možete da pročitate u jevanđelju po Jovanu 19:31, Jevreji su molili Pontija Pilata da im slomi noge i da tijela budu skinuta dolje.

Uz dozvolu Pontija Pilata, vojnici su slomili noge dvojici pljačkaša koji su bili razapeti sa obe Isusove strane ali vojnici nisu slomili Isusove noge zato što je On već bio mrtav. U to vrijeme, oni koji su bili raspeti su smatrani uklijetim i zato su vojnici slomili njihove noge. Zbog toga, postoji božansko proviđenje u činjenici da oni nisu slomili Isusove noge.

Zašto Isusove noge nisu slomljene?

Isus, koji je bio bezgrješan, bio je proklet i okačen na krstu da iskupi ljudska bića od kletve zakona. Satana nije mogao da Mu polomi noge ne zbog toga što je Isus umro zbog svog grijeha, nego po proviđenju Božjem.

Pored toga, Bog je zaštitio Isusa da Mu ne budu slomljene kosti da ispuni Riječi iz Psalma 34:20, koje kažu: „On čuva sve kosti njegove, ni jedna se od njih neće slomiti."

U Brojevima 9:12, Bog govori Izraelcima da ne polome ni jednu kost jagnjeta kada ga jedu. On isto kaže u Izlasku 12:46 da Izraelci mogu da jedu meso od jagnjeta ali ne smiju da polome ni jednu njegovu kost.

„jagnje" se ovde odnosi na Isusa koji je bio neokaljan i bezgriješan, a ipak je iz ljubavi prema nama prineo Sebe kao žrtvu iskupljenja za ljudska bića i njihove grijehove. Nijedna od Isusovih kostiju nije polomljena u skladu sa Svetim Pismom

Izlazak 12:46, gde se kaže: „*[jagnje] u istoj kući da se jede; da ne iznesete mesa od njega iz kuće, i nijednu kost da mu ne prelomite.*"

Njegov bok proboden kopljem

Jevanđelje po Jovanu 19:32-34 oslikava još jednu groznu scjenu:

Onda dođoše vojnici, i prvom dakle prebiše noge, i drugom raspetome s Njim; a došavši na Isusa, kad Ga videše da je već umro, ne prebiše Mu noge. Nego jedan od vojnika probode Mu rebra kopljem; i odmah iziđe krv i voda.

Čak pošto je vojnik već znao da je Isus mrtav, zašto je onda on kopljem proboo Isusov bok, izazivajući iznenadni izliv krvi i vode? Ovo ilustruje zlobu čovjeka.

Iako je On bio Bog, Isus nije zahtevao ili se pridržavao Svojih prava kao Boga. Umjesto toga, On je napravio sebe beznačajnim; zauzeo je skromnu poziciju roba i pojavio se u obliku ljudskog bića. On je pokorno unizio Sebe čak i više time što je umro smrću kriminalca na krstu. Na ovaj način, Isus je za vas otvorio vrata spasenja (Poslanica Filipljanima 2:6-8).

Tokom svog života na ovome svijetu, Isus je podario slobodu zatvorenicima, bogatstvo siromašnima, i iscijelio boljesne i slabe. On nije imao vremena da jede i spava jer je davao sve od Sebe da objavi Riječ Božju da spasi što je moguće više duša. Išao je u brda da se moli čak i kad bi se Njegovi učenici odmarali. Mnogi Jevreji su Ga sa prezirom proganjali mada je On činio samo dobro. Na kraju, oni su Ga raspeli na krstu zbog svoje zlobe. Šta više, uprkos tome što je znao da je mrtav, rimski vojnik Ga je proboo kopljem. Ovo nam govori da su ljudi gomilali porok za porokom.

Bog vam je pokazao Svoju ogromnu ljubav tako što je poslao Svog jedinog Sina Isusa Hrista i dozvolio da bude razapet na krstu da vas iskupi iz grijehova, bez obzira na poročnost ljudskih bića.

Prolivanje krvi i vode iz Njegovog boka

Kao što je već spomenuto, rimski vojnik je u svojoj zlobi kopljem proboo Isusov bok, bez obzira što je znao da je Isus mrtav. Kada je vojnik proboo Njegov bok, krv i voda su istekli iz Isusovog tijela. Postoje tri značenja u ovoj epizodi.

Prvo, pokazuje vam da je Isus kao Sin Čovječji došao u ljudskom tijelu. Jevanđelje po Jovanu 1:14 kaže: „*I Riječ postade tijelo i useli se u nas i vidjesmo slavu Njegovu, slavu kao Jedinorodnoga od Oca, punu blagodati i istine.*" Bog je došao među nas u tijelu i On biješe Isus.

Griješnici ne mogu vidjeti Boga zato što oni umiru kada Ga vide. Otuda, Bog se ne može pojaviti direktno pred njima i zato je Isus došao na ovaj svijet u tijelu i pokazao mnoge dokaze da bi nas naveo da vjerujemo u Boga.

Biblija vam govori da je Isus bio čovjek baš kao i vi. Jevanđelje po Marku 3:20 kaže: *„I On dođe kući, i sabra se opet toliko naroda da ne mogahu ni hleba jesti.“* Jevanđelje po Mateju 8:24 nam kaže: *„I gle, oluja velika postade na moru da se lađa pokri valovima; a Isus On spavaše.“* Neki se možda pitaju kako je Isus Sin Božji mogao biti gladan ili u bolovima. Ipak, pošto je Isus bio u tijelu sastavljenom od kostiju i mišića, On je morao da jede i spava. On je takođe imao bolove na isti način kao što i mi imamo.

Činjenica da je krv i voda istekla iz Njegovog tijela kada je bio proboden kopljem, daje vam uvjerljivi dokaz da je Isus došao na ovaj sijvet u tijelu, iako je On Sin Božji.

Drugo, još jedan dokaz je da i vi možete djeliti božansku prirodu čak iako imate tijelo. Bog želi da Njegova djeca budu sveta i savršena kao što je On. Zato On kaže: *„Vi ćete bit sveti, zato što sam i Ja.“* (1. Petrova Poslanica 1:16) i *„Budite vi dakle savršeni, kao što je savršen Otac vaš nebeski.“* (Jevanđelje po Mateju 5:48). On vas takođe ohrabruje govoreći: *„Kroz koje se nama darovaše Njegova časna i prevelika obećanja, da njih radi imate dio u božanskoj prirodi, ako utečete od tjelesnih želja ovog svijeta.“* (2. Petrova Poslanica 1:4) i *„Jer ovo da se misli među vama šta je i u Hristu Isusu.“* (Poslanica Filipljanima 2:5).

Isus je došao na ovaj svijet u tijelu i postao sluga u skladu sa Božjom voljom, i ispunio cijelu svoju dužnost. On je takođe ispoštovao zakon sa ljubavlju tako što je prevazišao sva suđenja i nevolje, i živeo u skladu sa Riječju Božjom.

Premda je bio čovjek kao i vi, On je dobrovoljno prihvatio sav bol, poštovao Božju volju sa istrajnošću i samokontrolom, i u ljubavi prineo Sebe kao žrtvu da umre na krstu bez otpora ili negodovanja.

Kako mi, onda, možemo da djelimo božansku prirodu sa srcem Hrista Isusa?

Vi morate da razapnete vašu griješnu prirodu, sastavljenu od strasti i požude, da imate duhovnu ljubav i iskreno se molite da djelite božansku prirodu tako što ćete imati isti stav kao Isus. Sa jedne strane, tjelesna ljubav je samoživa, i kako vrijeme prolazi ova ljubav postaje hladna. Ljudi sa ovom vrstom ljubavi izdaju jedni druge i pate od bolova kad im nije sve usklađeno. Sa druge strane, Bog želi da vi imate ljubav koja je istrajna, nežna i nesjebična. Dakle, duhovna ljubav je ta koja cvijeta iz dana u dan i nikad se ne mijenja. Vi možete da imate držanje Isusovo toliko koliko posjedujete duhovnu ljubav i toliko koliko kroz iskrenu molitvu odbacite svako zlo.

Isto tako, svako može da primi Božju milost i moć ako traži Njegovu pomoć u iskrenoj molitvi i postu. Bog isto djeluje da se on oslobodi svih vrsta zla. Ako posjedujete duhovnu ljubav vi ćete sijati kao sunce u carstvu nebeskom, proizvoditi devet plodova Svetog duha (Poslanica Galaćanima 5) i primiti Blaženstva (Jevanđelje po Mateju 5).

Treće, Isusovo prolivanje krvi i vode je dovoljno jako da vas vodi u iskren i vječni život.

Krv i voda Isusova je bila neokaljana i čista pošto On nije imao praroditeljski grijeh i nije počinio ni jedan grijeh. Duhovno, bila je to ova krv i voda koja može biti vaskrsnuta.

Zato što je On prolio Svoju svetu krv, vaši grijehovi su očišćeni i vi možete imati istinski život koji vodi ka spasenju, vaskrsnuću i vječnom životu.

Voda koja je istekla iz Isusovog tijela, simbolizuje vječnu vodu, Riječ Božju. Vi možete biti ispunjeni istinom i biti istinsko dijete Božje onoliko koliko razumijete Njegovu Riječ i koliko odbacite svoje grijehe živjeći u skladu sa njom.

Isus, bez ijedne mrlje ili ljage, se odrekao svih stvari do tačke prolivanja krvi i vode, da vam podari istinski život, čak iako vi niste bili bolji od životinja.

Ja se nadam da vi razumijete da ste spašeni bez da ste platili ikakvu cijenu, pa odbacite grijehove moleći se iskreno u vjeri, tako da možete da vodite plodonosan život u Isusu Hristu.

Poglavlje 7

POSLEDNJIH SEDAM ISUSOVIH RIJEČI NA KRSTU

- Oče, oprosti im
- Danas ćeš biti sa Mnom u Raju
- Draga ženo, evo tvog sina;
  Evo tvoje majke
- *Eloi, Eloi, Lama Sabachthani?*
- Ja sam žedan
- Gotovo je
- Oče, u Tvoje ruke predajem dušu Svoju

A Isus govoraše: „Oče! Oprosti im; jer ne znadu šta čine.“ ... (Stih 34)

I on mu reče: „Isuse sjeti me se kad dođeš u carstvo Svoje.“ I reče mu Isus: „Zaista ti kažem danas, bićeš sa Mnom u raju.“ A biješe oko šestog sahata, i tama bi po svoj zemlji do sahata devetog. I pomrča sunce, i zavjesa crkvena razdre se napola. I povikavši Isus glasno reče: „Oče, u ruke Tvoje predajem duh Svoj.“ I rekavši ovo On izdahnu. (Stihovi 42-46)

Jevanđelje po Luki 23:34, 42-46

Mnogi ljudi se prisjete svojih života kada se smrt približi. Njihovim porodicama i prijateljima oni kazuju poslednje riječi. Na isti način je Isus postao tijelo, došao na ovaj svijet u Božjem proviđenju, i rekao sedam riječi na krstu dok je izdisao. One su znane kao „Poslednjih sedam Isusovih riječi na krstu." Hajde da ispitamo duhovna značenja Isusovih poslednjih sedam riječi na krstu.

Oče, oprosti im

Pisac Poslanice Filipljanima opisuje Isusa na sljedeći način. Isus:

Jer ovo da se misli među vama šta je i u Hristu Isusu, Koji, ako je i bio u obličju Božijem, nije se otimao da se uporedi s Bogom; Nego je ponizio Sam Sebe uzevši obličje sluge, postavši kao i drugi ljudi i na oči nađe se kao čovjek. Našavši se u obličju čovjeka, On je ponizio Sebe poslušan do same smrti, čak smrti na krstu. (Poslanica Filipljanima 2:5-8).

Isus je razapet na krstu da bi pokazao Svoju pokornost i

ljubav prema Bogu tako da je On mogao da griješnicima otvori vrata spasenja. Zajedno sa vođama, ljudi koji su stajali pored krsta podsmijevali su se Isusu: *„Drugima pomože, neka pomogne i sebi, ako je on Hristos, izbranik Božji."* (Jevanđelje po Luki 23:35).

Vojnici su Ga i ismijavali nudeći Mu kiselo vino, i govorili: *„Ako si Ti Kralj Jevreja, spasi se!"* (Stih 37) Jedan od razbojnika koji su bili obješeni tamo hulio je na Njega govoreći: *„Zar Ti nisi Hristos? Spasi Sebe i nas!"* (Stih 39)

> *Kada dođoše na mjesto zvano Lobanja, tamo oni raspeše Njega i razbojnike, jednog desno a drugog lijevo od Njega. A Isus govoraše: „Oče! Oprosti im; jer ne znadu šta čine." I oni baciše kocku, i podjeliše Njegovu odjeću između sabe. (Jevanđelje po Luki 23:33-34).*

Dok je izdisao, Isus se molio Bogu moleći za njih oproštaj: „Oče, oprosti im; jer ne znadu šta čine." Isus je molio Oca da da milost i oproštaj ljudima koji nisu znali da je Isus Sin Božji razapet za oprost njihovih grijehova. Možda oni nisu čak ni shvatili da su njihova djela grijeh. Ovo je njegova prva riječ sa krsta.

Isus se u ljubavi moli za ljude koji ga raspinju

Isus, Sin Božji, molio se za one koji su Ga raspeli uprkos tome što nije imao greške ni mrlje. Kako duboka i velika je Njegova ljubav! Isus je lako mogao da siđe sa krsta i izbjegne raspeće jer je On jedan sa Svemogućim Bogom i Bog Otac mu daje moć. Međutim, On je bio raspet kako bi ispunio plan o spasenju u skladu sa Božjom voljom. Zbog toga je On mogao da izdrži sve patnje i sram, i da se sa beznadežnom ljubavlju moli za njih i moli njima oprost.

Isus se molio iskreno: „Oče, oprosti im; jer oni ne znadu šta čine." Ovde se „oni" ne odnosi prosto samo na one koji su mu se rugali i raspeli Ga, nego uključuje i sva ljudska bića koja ne prihvataju Isusa Hrista i nastavljaju da žive u tami. Kao ljudi koji su raspeli Isusa Sina Božjeg, mnogi ljudi griješe jer ne znaju Isusa Hrista i istinu.

Vaš neprijatelj đavo pripada tami i mrzi svjetlost pa je on razapeo Isusa, istinsku svjetlost. Danas, đavo kontroliše ljude koji pripadaju tami i tjera ih da proganjaju one koji hodaju u svjetlu.

Kako vi možete da odgovorite progoniteljima koji ne znaju istinu?

Isus vas uči šta je Božja volja i kakav bi hrišćanski stav trebalo da bude kroz prvu riječ sa krsta. U jevanđelju po Mateju 5:44, se kaže: „*Ali Ja vam kažem, volite svoje neprijatelje i molite se za one koji vas proganjaju.*" Zato moramo biti u stanju da se molimo za sve one koji nas proganjaju, i govorimo: „Oče, oprosti im. Jer oni ne znaju šta čine. Blagoslovi ih tako da i oni, takođe, mogu prihvatiti Gospoda i mi se opet možemo sresti u raju."

Danas ćeš biti sa Mnom u Raju

Dva razbojnika su takođe bila razapeta kada je Isus okačen na krstu koji je stajao visoko na Golgoti, na „mestu Lobanja" (Jevanđelje po Luki 23:23). Jedan od razbojnika je sipao uvrijede na Njega, a drugi je prekoravao prvog razbojnika, pokajao se, i prihvatio Isusa kao svog Spasitelja. Onda je Isus obećao njemu da će On biti u raju sa njim. To je bila druga riječ Isusova na krstu.

Jedan od razbojnika koji biješe obješen tamo huljaše na Njega govoreći: „Zar Ti nisi Hristos? Spasi Sebe i nas!" A drugi odgovarajući ćutkaše ga i govoraše: „Zar se ti ne bojiš Boga, kad si i sam osuđen tako? I mi smo još pravedno osuđeni, jer primamo po svojim djelima kao što smo zaslužili; ali On nikakvo zlo nije učinio." I on reče: „Isuse, sjeti me se kad dođeš u carstvo Svoje" I reče mu Isus: „Zaista ti kažem, danas bićeš sa mnom u raju." (Jevanđelje po Luki 23:39-43).

Isus je objavio da je On Mesija koji može oprostiti grješnicima kada se pokaju i spasi ih kroz Njegovu drugu riječ sa krsta.

Kada vi čitate Četiri Jevanđelja, odgovori dva razbojnika su pisani na drugačije načine. U jevanđelju po Mateju 27:44 kaže: *„Dva razbojnika koji su raspeti s Njim su Ga vrijeđali istim riječima."* U jevanđelju po Marku 15:32 kaže: *„Neka Hrist, Kralj Izraela, sada siđe dolje sa krsta, tako da mi možemo da* *vidimo i vjerujemo!' Oni koji si bili raspeti sa Njim takođe su Ga vrijeđali. "* Iz ova dva Jevanđelja, čitate da su oba razbojnika sipala uvrijede na Isusa.

Ipak, u Jevanđelju po Luki 23, čitate da je jedan kriminalac prekoravao drugog i pokajao se za svoje grijehove, prihvatio Isusa i bio spašen. Ovo nije zato što Jevanđelja nisu u skladu jedno sa drugim. Umjesto toga, u Svom proviđenju, Bog je dozvolio piscima da pišu na različite načine. U Bibliji su sažeti istoriski elementi i Božje proviđenje. Da je sve pisano do djetalja, ni hiljadu Biblija ne bi bilo dovoljno.

U današnjem vremenu, ako nešto snimite vidio kamerom, to možete gledati kasnije ali u Isusovo vrijeme nije bilo takve opreme tako da oni nisu mogli da snime ni jednu fotografiju čak iako su ovo bili veoma važni događaji. Oni su samo mogli da pišu o ovim događajima. Kroz ova mala neslaganja, vi možete doživjeti i stvoriti realniju sliku o nekom određenom događaju.

Bolje razumjevanje Isusovog raspeća

Kad je Isus govorio jevanđelje, pratila Ga je velika gomila. Neki su htjeli da slušaju Njegovu poruku, neki su htjeli da vide čuda i znake sa neba, drugi su su željeli hranu, a opet neki drugi su prodali svoj imetak da služe i slijede Isusa.

U Jevanđelju po Luki 9, Isus je blagosiljao pet vekni hljeba i dvije ribe. Broj onih koji su jeli bio je oko pet hiljada ljudi (Jevanđelje po Luki 9:12-17). Zamislite koliko se još ljudi, uključujući one koji su voljeli ili mrzeli Isusa i druge u gomili, skupilo na mjestu gdje je On raspet. Gomila je opkolila krst, pa su ih vojnici odbijali kopljima i štitovima. Zamislite ljude u krugu blizu krsta koji su vikali na Isusa. Gomila Ga je vrijeđala. Čak Ga je vrijeđao i jedan od dva razbojnika koji su visili sa Njegove obe strane. Ko bi bio sposoban da čuje šta je prvi razbojnik rekao? Očigledno je bila ogromna buka tako da su jedino ljudi koji su stajali dovoljno blizu Isusa mogli da čuju Njegove Riječi. Drugi razbojnik je rekao nešto Isusu sa prezrivim izrazom na licu. Ovaj razbojnik je, u stvari, korio drugog razbojnika koji je uvrijedio Isusa. Međutim, oni koji su bili daleko pozadi mogli su vrlo lako da pomisle da ovaj razbojnik pokajnik kori Isusa koji je bio u sredini.

Sa jedne strane, u tim bučnim uslovima, svaki pisac Jevanđelja po Mateju i Marku koji nisu jasno mogli jasno da čuju razbojnika pokajnika mislili su da i on kori Isusa. Tako su napisali da su oba razbojnika ukorila Isusa.

Sa druge strane, pisac Jevanđelja po Luki je jasno čuo, tako da je on znao da jedan od dva razbojnika nije vrijeđao već se pokajao. Različiti pisci su bili na različitim mjestima i napisali su različito.

Bog, koji sve zna, dozvolio im je da pišu na različite načine kako bi kasnije generacije mogle da spoznaju jasnije određenu situaciju.

Mjesto na nebu za razbojnika pokajnika

Isus je obećao razbojniku koji se pokajao na krstu prije smrti: „Ti ćeš biti sa Mnom u Raju." To ima duhovno značenje.

Nebesa, Božje kraljevstvo, je veoma prostrano van vaše mašte. Čak nam je i Isus rekao u Jevanđelju po Jovanu 14:2: *„Mnogi su stanovi u kući Oca Mog; a da nije tako, kazao bih vam; jer Ja idem da vam pripravim mjesto."* Psalmopjevač nam ukazuje na: *„Hvalite Ga, nebesa nad nebesima i vode koje su nad nebesima!"* (Psalam 148:4). Nemija 9:6 slavi Boga koji je stvorio nebesa, čak i najviša nebesa. 2. Korinćanima Poslanica 12:2 govori: *„Znam čovjeka u Hristu koji pre četrnaest godina, ili u tijelu ne znam, ili van tijela, ne znam, Bog zna taj čovjek bi odnesen do trećeg neba."* U Otkrovenje 21:2, se govori da u Novom Jerusalimu postoji Božji tron.

Isto tako, postoje razna boravišta u raju. Međutim, nije vam dozvoljeno da živite ni na jednom mjestu po vašem izboru. Bog pravde nagrađuje svakog od vas u skladu sa onime šta ste učinili na ovom svijetu: koliko se ugledate na vašeg Gospoda i radite za kraljevstvo Božje i koliko skladištite u nebesa, itd (Jevanđelje po Mateju 11:12, Postanak 22:12).

U Jevanđelju po Jovanu 3:6 čitamo: *„Šta je rođeno od tijela, tijelo je; a šta je rođeno od Duha, duh je."* U zavisnosti od stepena, pojedinac se oslobađa od ljudskih osobina i postaje duhovna osoba, a mjesta boravišta na nebesima biće podjeljena po grupama istog duhovnog nivoa.

Svakako, svako mjesto na nebesima je veoma lijepo zato što Bog njime vlada. Ipak, ima razlike čak u okviru nebesa. Na primjer, način života, hobiji, životni standard, i slično u prestonici se veoma razlikuju od onoga na selu. Na isti način, sveti grad, Novi Jerusalim, je najsvetije mjesto na nebesima gde je

Božji tron smješten i gde će živjeti djeca koja su Njemu najviše nalik.

Međutim, Raj je mjesto gde će živjeti razbojnik, pokajnik u poslednjem minutu pred smrt na krstu, a biće smješten na rubu nebesa. Mnogi drugi koji dobiju sramotno spasenje će živjeti tamo. Ovi ljudi su primili Isusa Hrista ali nisu se zauzeli za to da budu duhovno promjenjeni.

Zašto je razbojnik pokajnik ušao u Raj?

On je čista srca priznao da je griješnik, i primio je Isusa kao svog Spasitelja. Ipak, on se nije otarasio svojih grijehova, živjeo po Riječi Božjoj, ili evangelizovao druge. On nije radio za Gospoda. On nije ništa uradio da bi dobio ijednu nebesku nagradu. Zbog toga je on ušao u Raj, najniže mjesto na nebesima.

Isusov silazak u Gornji Grob

Čak iako je Isus obećao razbojniku: „Danas, ti ćeš biti sa Mnom u Raju," to ne znači da Isus živi samo u Raju na nebesima. Isus, Kralj kraljeva, i Gospod gospodara, vlada i boravi sa Božjom djecom na čitavim nebesima, uključujući i Raj i Novi Jerusalim. U ovom smislu On boravi u Raju kao i na drugim mjestima unutar nebesa.

Kada je Isus rekao spasenom razbojniku: „Danas, ti ćeš biti sa Mnom u Raju", „danas", ne mora da se odnosi na određeni dan kada je Isus umro na krstu ili neki drugi poseban dan. Isus je spomenuo da će On biti sa razbojnikom pokajnikom gdje god razbojnik bio od momenta kada je postao Božje dijete. Kada pogledate u Bibliji, Isus nije otišao u Raj nakon Svoje smrti. U Jevanđelju po Mateju 12:40, Isus govori Farisejima da: *"Jer kao što je Jona bio u trbuhu kitovom tri dana i tri noći: tako će biti i Sin Čovječiji u srcu zemlje tri dana i tri noći."* U Poslanici Efežanima 4:9 čitamo: *"Sada ovaj izraz: 'On gospodari,' šta to znači osim da On isto siđe u najdonja mjesta zemlje?"*

Uz to, 1. Petrova Poslanica 3:18-19 kaže: *"Jer i Hristos jedanput za grijehe naše postrada, pravednik za nepravednike, da nas privede k Bogu, ubijen, istina, bivši tijelom, no oživjevši Duhom; Kojim sišavši propovjeda i duhovima koji su u tamnici."* Isus je ušao u Gornji Grob i propovjedao jevanđelje duhovima prije nego što je vaskrso na treći dan. Zašto je ovo bilo neophodno?

Prije nego što je Isus došao na ovaj svijet, mnogi ljudi u vrijeme Starog Zavjeta, a čak i ljudi u vrijeme Novog Zavjeta, nisu imali priliku da čuju Jevanđelje ali su živjeli u dobroti prihvatajući Boga. Da li ovo znači da su svi oni otišli u pakao samo zato što nisu znali ko je Isus?

Bog je poslao Njegovog jedinog Sina na ovaj svijet i ko god da Njega prihvati biće spašen. Bog nije započeo ljudsko oplemenjivanje da spasi samo one koji prime Isusa Hrista poslije njegovog raspeća. Onima koji nisu imali priliku da čuju Jevanđelje ali su živjeli mirne savjesti biće suđeno prema njihovoj savjesti.

Sa jedne strane, ovi ljudi dobri u srcu ovako se okupljaju u „Gornjem Grobu." Sa druge strane, „Donji Grob" koji se naziva „Pakao" je gde će nepobožne duše živjeti do Sudnjeg Dana.

Nakon Njegovog raspeća, Isus je otišao u Gornji Grob i propovjedao Jevanđelje dušama koje nisu poznavale Jevanđelje već su živjele mirne savjesti i bili vredni spasenja.

Ne postoji pod kapom nebeskom nijedno drugo ime dato ljudima pomoću koga će se oni spasiti sem Isus Hrist. Zato je Isus išao i propovjedao duhovima o Sebi, da bi oni mogli da prime Njega i budu spašeni.

Biblija kaže da su duše koje su bile spašene prije Isusovog raspeća odvedene na Avramovu stranu (Jevanđelje po Luki 16:22), ali su odvedene na Isusovu stranu nakon Njegovog vaskrsenja.

Spasenje prema sudu savjesti

Prije nego što je Isus došao na ovu zemlju da širi jevanđelje, dobri ljudi su živjeli tako što su slijedili pravednost u svojim srcima. To je zakon savjesti. Dobri ljudi nisu činilo zlo čak i kad su imali nevolje i suočavali se sa poteškoćama, zato što su slušali glas svojih srca.

Poslanica Rimljanima 1:20 kaže: „*Jer šta se na Njemu ne može videti, od postanja svijeta moglo se poznati i vidjeti na stvorenjima, i Njegova vječna sila i božanstvo, da nemaju izgovora.*"

Vidjevši univerzum i kako je sve na zemlji harmonično, ljudi sa dobrim srcima vjeruju da je tamo vječni život. Eto zašto oni ne žive shodno sa svojom grješnom prirodom i kontrolišu se da ne uživaju u svjetovnim zadovoljstvima u strahu od Boga.

U Rimljanima 2:14-15 čitamo: *„Jer kad neznabošci ne imajući zakon sami od sebe čine šta je po zakonu, oni zakon ne imajući sami su sebi zakon, oni dokazuju da je ono napisano u srcima njihovim što se čini po zakonu, budući da im savjest svjedoči, i misli među sobom tuže se ili pravdaju."* Bog je dao zakon samo Izraelcima ali ne i neznabošcima. Ipak, to je kao da neznabošci žive po zakonu kada žive prema zakonu koji je u njihovim srcima, i prema njihovoj savjesti koju su sami stekli i sami sprovode. Ne možete reći da oni koji ne vjeruju u Isusa Hrista ne mogu biti spašeni zato što nikad u životu nisu čili jevanđelje.

Među onima koji su umrli ne znajući Isusa Hrista, bilo je nekih ljudi koji su mogli da se uzdrže od zlih misli zbog svojih čistih srca. Ti ljudi će biti spašeni u skladu sa Božjim sudom o njihovoj savjesti.

Draga ženo, evo tvog sina; evo tvoje majke

Apostol Jovan je napisao šta je on vidio i čuo sa krsta na kome je Isus visio. Tamo je bilo mnogo žena uključujući Mariju, Isusovu majku, Salomiju, sestru Njegove majke; Mariju, ženu Kleopovu; i Mariju Magdalenu. U Jevanđelju po Jovanu 19:26-27, Isus govori Svojoj ucveljenoj majci Mariji da smatra Jovana kao svog sina i kaže Jovanu da brine o njoj kao o svojoj majci.

A Isus vidjevši Svoju mater i učenika koga ljubljaše gde stoji reče materi svojoj: „Ženo! Eto ti sina!" Potom On reče učeniku: „Eto ti matere!" I od onog časa uze je učenik u svoj dom.

Zašto je Isus nazvao Mariju „ženo," a ne „majko?"

Riječ „majko" nije izrekao Isus, nego ju je napisao apostol Jovan iz njegove perspektive. Zašto je, onda, Isus nazvao Svoju sopstvenu majku koja Ga je rodila „ženo?" Kada pogledate u Bibliju, Isus nju nije nazvao „majkom."

Na primjer, u Jevanđelju po Jovanu 2:1-11, Isus je učinio prvo čudo kada je pretvorio vodu u vino nakon što je počeo sa Svojim službovanjem. Ovo čudo se desilo na vjenčanju u Kani u Galileji. Isus i Njegovi učenici takođe su bili pozvani na vjenčanje. Kada je nestalo vina, Marija Mu je rekla: „Oni više nemaju vina," zato što je ona znala da kao Sin Božji, Isus može da promjeni vodu u vino. Isus joj je onda rekao: *„Ženo, šta se to nas tiče? Još nije došao moj čas"* (Stih 4).

Isus je odgovorio da Mu nije još došlo vrijeme da se pokaže kao Mesija, mada je Mariji bilo žao gostiju jer nije bilo više vina. Mijenjagnje vode u vino duhovno znači da će Isus proliti Svoju krv na krstu.

Ispunjavajući na krstu božanski plan o ljudskom spasenju, Isus je objavio da je On došao na ovaj svijet kao naš Spasitelj. Tako da je nazvao Mariju „ženo," a ne „majko."

Sem toga, naš Spasitelj Isus je Bog u Svetom Trojstvu i Stvoritelj. Bog Stvoritelj je Onaj KOJI JESTE (Izlazak 3:14), i

On je Prvi i Poslednji (Otkrovenje 1:17, 2:8). Dakle, Isus nema majku i zato je Isus zove „ženo,"a ne „majko." Danas, mnoga Božja djeca obraćaju se Mariji kao Isusova „sveta majka" ili čak prave njene statue i bogosluže pred njima. Vi treba da razumijete da je ovo apsolutno pogriješno zato što ona nije majka našega Spasioca (Izlazak 20:4).

Pravo građanstva na nebesima

Isus je tješio Mariju koja je bila pod velikim stresom zbog Njegovog razapeća i kazao Svom voljenom učeniku Jovanu da pazi na Mariju kao na rođenu majku. Čak iako je Isus patio od strašnog bola na krstu, On je ipak bio duboko zabrinut šta će se desiti sa Marijom nakon Njegove smrti. Ovde možete iskusiti Njegovu ljubav.

Kroz Isusovu treću riječ na krstu, možemo da shvatimo da u vjeri, svi smo mi braća i sestre-Božja porodica. U jevanđelju po Mateju 12 je scjena u kojoj Isusova porodica dolazi da Ga vidi. Kada je Isusu rečeno da Njegova majka i braća stoje napolje, On govori gomili:

A On odgovori i reče onome što Mu kaza: „Ko je mati moja, i ko su braća moja?" I pruživši ruku svoju na učenike svoje reče: „Eto mati Moja i braća Moja. Jer ko izvršuje volju Oca Mog koji je na nebesima, onaj je brat Moj i sestra i mati." (Jevanđelje po Mateju 12:48-50).

Kako vaša vjera raste poslije primanja Isusa Hrista, vaš osjećaj za pravo građanstva na nebesima postaje jasniji i vi volite vašu braću i sestre u Hristu više nego članove vaše biološke porodice. Ako vaši članovi porodice nisu Božja djeca, vaša porodica ne može da traje kao „porodica" zauvijek. Vaš porodični odnos završava se smrću. Ako oni ne vjeruju u Isusa Hrista ili ne žive po volji Božjoj čak iako tvrde da vjeruju u Boga, oni će otići u pakao jer je smrt plata za grijeh (Jevanđelje po Mateju 7:21). Vaše vidljivo tijelo vraća se u prašinu poslije smrti ali vi imate besmrtan duh. Ako Bog uzme vaš duh, vi ćete biti samo leš koji će uskoro istruliti. Bog Stvoritelj napravio je prvog čovjeka od prašine i udahnuo dah života u njegove nozdrve, pa je njegov duh postao besmrtan. Bog je taj koji rađa vašu besmrtnu dušu i pravi tijelo koje će se ponovo pretvoriti u prašinu. Zbog toga, On je vaš istinski Otac.

Jevanđelje po Mateju 23:9 nam govori: „*I ocem ne zovite nikoga na zemlji; jer je u vas jedan Otac koji je na nebesima.*" Ovo ne znači da vi ne treba da volite vaše ne-vjernike u vašoj porodici. Veoma je važno da ih vi iskreno volite, propovjedate im Jevanđelje i usmjeravate ih da prihvate Isusa Hrista.

Eloi, Eloi, Lama Sabachthani?

Isus je raspet na krstu u treći čas, i od šestog časa, tama je prekrila cijelu zemlju do devetog časa kad je On izdahnuo. Kada pretvorimo to u moderno računanje vremena, On je raspet u devet sati ujutru i tri sata kasnije, u podne, tama je pala na cijelu zemlju sve do tri sata popodne.

A u šestom satu bi tama po svoj zemlji do sata devetog. I u devetom satu povika Isus glasno govoreći: „Eloi! Eloi! Lama savahtani?" Koje znači: „Bože moj! Bože moj! Zašto si me ostavio?" (Jevanđelje po Marku 15:33-34).

Šest sati kasnije, devetog sata, Isus je povikao Bogu: „Eloi! Eloi! Lama savahtani?" Ovo je bila četvrta riječ Isusa sa krsta.

Isus je bio iscrpljen, zbog toga što je bio obješen na krstu šest sati prolivajući krv i vodu pod jakim pustinjskim suncem. On je bio potpuno iscrpljen. Zašto je, onda, On vikao?

Svaka od sedam riječi Isusovih na krstu imaju duhovno značenje. Da one nisu bile razgovetne, bile bi beskorisne. Sedam riječi su bile namjenjene da budu napisane jasno u Bibliji, tako da svako može da razumije Božju volju.

Zato je On povikao Bogu tih sedam riječi sa krsta svom Svojom snagom tako da su ih oni oko krsta mogli jasno čuti i zapisati ih.

Neki kažu da je Isus uzviknuo sa srdžbom na Boga, zato što je morao da dođe na ovaj svijet u tijelu i bespotrebno istrpi veliki bol. Međutim, to apsolutno nije istina.

Zašto je Isus vikao: „Eloi! Eloi! Lama savahtani?"

Razlog zbog koga je On došao na zemlju je da uništi djelo đavola i otvori vrata spasenja za nas.

Tako se Isus pokorio Božjoj volji do tačke smrti i potpuno žrtvovao Sebe. Prije Njegovog raspeća, On se molio još iskrenije, a Njegov znoj je bio kao kapi krvi koje su padale na zemlju (Jevanđelje po Luki 22:42-44). On je nosio Svoj teret, u potpunosti svjestan patnje koju će istrpjeti na krstu. On je izdržao mučenje i patnju na krstu zato što je znao Božji plan za ljudska bića. Kako, onda, je Isus mogao da bude ljut suočavajući se sa smrću? Njegovo vikanje nije bilo uzdah tuge ili prebacivanje Bogu. Isus je imao razloge da to učini.

Prvo, Isus je želio da objavi svijetu da je razapet da izbavi sve griješnike od grijeha.

On je želio da svi razumiju da je On ostavio Svoju slavu na nebesima i bio totalno zanemaren od Boga iako je On jedan i jedini Sin Božji. On je vikao kako bi svi znali da On pati od nevjerovatnog bola na krstu da bi spasio griješnike od grijeha. Biblija ukazuje da je On nekada prije Boga zvao: „moj Oče," ali na krstu On ga je zvao: „moj Bože." Ovo je zato što je Isus uzeo krst u ime griješnika, a griješnici ne mogu zvati Boga: „Oče."

U tom momentu, Bog je raščinio Isusa kao griješnika koji nosi sve grijehe ljudske rase, i Isus se nije usudio da nazove Boga „Oče." Na isti način vi zovete Boga „Ava Oče" onda kada imate uzajamnu ljubav, ali Ga zovete „Bože" umjesto „Oče" kada ste daleko od Boga zato što ste počinili grijehove ili imate slabu vjeru.

Bog želi da prihvatanjem Isusa Hrista i hodanjem u svjetlosti svi ljudi postanu Njegova iskrena djeca koja mogu da ga zovu „Oče."

Drugo, Isus je želio da upozori ljude koji nisu znali Božju volju i još uvijek su živjeli u tami.

Bog je poslao Svog jedinog Sina Isusa Hrista na ovaj svijet i dozvolio da ovaj bude ismijavan i razapet od strane Njegovih vlastitih stvorenja. Isus je znao zašto je Bog zanemario Svog Sina ali rulja koja Ga je razapela nije znala Božju volju. On je vikao: „Moj Bože, Moj Bože, zašto si me napustio?" kako bi omogućio neukima da razumiju ljubav Božju i pokaju se da bi se okrenuli na put spasenja.

Ja sam žedan

U Starom Zavjetu, ima veliki broj proročanstva o Isusovoj patnji na krstu. U Psalmu 69:21, kaže se: „*Daju mi žuč da jedem, i u žeđi mojoj poje me octom.*" Kao što je prorečeno u Psalmu, kada je Isus rekao: „Ja sam žedan," ljudi su natopili sunđer vinskim sirćetom, natakli sunđer na trsku i podigli ga ka Isusovim usnama.

Potom, znajući Isus da se već sve svrši, da se zbude pismo riječe: „Žedan sam." Onde stajaše sud pun octa; i oni napuniše sunđer octa, i nataknuvši na trsku, prinesoše k ustima Njegovim. (Jevanđelje po Jovanu 19:28-29).

Mnogo prije nego što se Isus rodio u gradu Vitlejemu,

Psalmopjevač je vidio u viziji da će Isus biti razapet i umrijeti na krstu, i to je zapisao. Isus je rekao: „Ja sam žedan" tako da Sveto Pismo bude ostvareno.

Hajde da razmislimo o duhovnom značenju Isusove pete riječi na krstu, „Ja sam žedan."

Isus objavljuje Svoju duhovnu žeđ

Mnogi ljudi mogu da istrpe glad ali ne žeđ. Isus je bio potpuno iscrpljen, zbog toga što je bio prikovan na krstu šest sati prolivao Svoju krv i vodu pod vrelim suncem pustinje. Stepen Njegove žeđi bio je van svake zamisli.

Ovim se ne kaže da Isus nije mogao da podnese Svoju žeđ kada je rekao: „Ja sam žedan." On je znao da će se vrlo skoro vratiti Bogu u miru.

U stvari, On je imao više boli od duhovne žeđi nego od fizičke žeđi. Otuda Isusova velika želja ka Božjoj djeci: „Ja sam žedan jer prolivam Svoju krv. Umiri Moju žeđ tako što ćeš platiti za Moju krv."

Dvije hiljade godina je prošlo od Isusove smrti na krstu, ali On nam još uvijek govori da je žedan. Njegova žeđ je od prolivanja Njegove krvi. On je prolivao Svoju krv da bi vama oprostio grijehe i dao vam vječni život.

Isus vam govori da je žedan kako bi vam pokazao Svoju sprjemnost da spasi one izgubljene duše. Zato Božja djeca koja su spašena Isusovom krvlju moraju da nadoknade Njegovu krv.

Način kojim plaćate za Njegovu krv i tolite Njegovu žeđ je da vodite ljude na njihovoj nepoznatoj stazi od pakla ka nebesima.

Zato morate biti zahvalni za Isusa koji je prolio Svoju krv i da sada utolite Njegovu žeđ time što ćete voditi ljude na put spasenja.

Gotovo je

U Jevanđelje po Jovanu 19:30, Isus je dobio piće i rekao: „Gotovo je," pognuo je glavu i predao Svoju dušu. Isus je prihvatio sunđer na koplju od trske. To nije zato što nije mogao da podnese Svoju žeđ. Postoji duhovno značenje u Njegovom činu. Razlog zašto je Isus u tijelu došao na ovaj svijet je taj da bude razapet na krstu za grijehove čovječanstva. U Njegovoj velikoj ljubavi za nas, Isus je ispunio zakon Starog Zavjeta i u njihovo ime ponio sve grijehove i prokletstva čovječanstva. U vrijeme Starog Zavjeta, ljudi su, kad zgriješe, nudili životinjsku krv kao žrtvu Bogu. Međutim, Isus je podneo jednu jedinu žrtvu za grijehove za sva vremena prolivajući Svoju krv (Jevrejima 10:11-12). Prema tome, vaši grijehovi su oprošteni kada primite Isusa Hrista zato što vas je On već iskupio. Iskupilačka milost kroz Isusa Hrista se odnosi na novo vino, i On je popio vinsko sirće da nama da novo vino.

Duhovno značenje riječi „Gotovo je"

Isus je rekao: „Gotovo je" i ispustio Svoju dušu. Šta ovo znači duhovno?

Isus je postao tijelo, došao na zemlju, propovjedao jevanđelje, izliječio sve slabosti i bolesti, i otvorio put spasenja time što je nosio krst za sve one koji su bili predodređeni za smrt. On je ispunio zakon Starog Zavjeta sa ljubavlju time što je žrtvovao Sebe sve do tačke smrti. Isto, On je pobjedio đavola potpuno uništivši đavolje djelo. To jest, On je ispunio božanski plan za ljudsko spasenje. Zato je Isus na krstu rekao: „Gotovo je."

Bog želi da Njegova djeca ispune sve tako što će živjeti u skladu sa Božjom voljom isto kao što je Njegov jedan i jedini Sin ispunio sva proročanstva za spasenje pokoravajući se Ocu sve do tačke žrtvovanja Svog života po volji i planu Božjem.

Dakle, vi morate prvo da imitirate srce vašeg Boga tako što ćete osvojiti duhovnu ljubav; gajiti devet voćki Svetog Duha (Galaćanima 5:22-23) i ispuniti Blaženstva (Jevanđelje po Mateju 5:3-10). Onda morate da budete vjerni poslu koji vam daje Gospod. Morate da iskrenim molitvama, propovjedanjem jevanđelja i služenjem crkvi povedete što više ljudi ka Gospodu.

Nadam se da će svako od vas, Božje dragocijeno dijete, prevazići svjetovnost odlučnom vjerom, nadom za nebesa i ljubavlju prema Bogu, i priznati: „Gotovo je" tako što će se pokoriti Bogu i Njegovoj volji onako kako je naš Gospod Isus Hrist pokazao.

Oče, u Tvoje ruke predajem dušu Svoju

Do trenutka kada je On izgovorio Svoje poslednje riječi na krstu, Isus je bio sasvim iscrpljen. U ovim uslovima, Isus je povikao jakim glasom: „Oče, u ruke Tvoje predajem duh Svoj."

I povikavši Isus glasno reče: „Oče, u ruke Tvoje predajem duh Svoj." I rekavši ovo On izdahnu.
(Jevanđelje po Luki 23:46).

Možete da primetite da je Isus nazvao Boga „Oče" umjesto „Moj Bože." Ovo ukazuje na to da je Isus sada ispunio Svoju misiju kao žrtva iskupljenja.

Isus je predao Svoj duh i dušu Bogu

Zašto je Isus, koji je došao na zemlju kao naš Spasitelj, predao Svoj duh i dušu u ruke Svoga Oca? Čovjek je sačinjen od duha, duše i tijela (1. Solunjanima Poslanica 5:23). Kada on umre, njegov duh i duša napuštaju njegovo tijelo. Njegov duh i duša će se vratiti na Božju stranu ako je Božje dijete. U suprotnom, njegov duh i duša će otići u pakao (Jevanđelje po Luki 16:19-31). Njegovo se tijelo sahrani i vrati se u prašinu.

Isus, Sin Božji, je postao tijelo i došao na ovaj svijet. On je imao duh, dušu i tijelo kao što i mi imamo. Pošto je bio razapet, Njegovo tijelo je umrlo ali ne i Njegov duh i duša; On je predao Svoj duh i dušu u Božje ruke.

Bog prima oboje, vaš duh i dušu kada umrete. Ako Bog primi samo duh ali ne i dušu, vi nećete nikad iskusiti pravu sreću na nebesima ili biti zahvalni iz dubine vaših srca. Zašto? Vi se nećete sećati stvari koje izlaze iz vaše duše kao što su suze, žalost, patnja i druge stvari koje ste osjetili na ovoj zemlji. Zbog toga Bog prima oboje, duh i dušu.

Zašto je, onda, Isus predao Svoj duh i dušu Bogu? To je zato što je Bog Stvoritelj, koji vlada nad svime u univerzumu i brine o vašem životu, smrti, kletvi i blagoslovu. Zato se kaže, sve pripada Bogu i sve je pod Njegovom vlašću. Bog je jedan Jedini koji odgovara na vaše molitve. Tako je i sam Isus morao da se moli da bi predao Svoj duh i tijelo Bogu Ocu (Jevanđelje po Mateju 10:29-31).

Isus se glasno molio

Zašto se Isus molio glasno čak iako je bio usrjed velikih patnji, govoreći: „Oče, u ruke Tvoje predajem duh Svoj."

To je zato što je On želio da ljudi čuju i da im ukaže da je glasna molitva volja Božja. Njegova molitva da preda Svoju dušu Bogu je bila isto toliko iskrena kao i Njegova molitva u Getsimaniji neposredno prije Njegovog hapšenja.

I Isusova molitva: „Oče, u ruke Tvoje predajem duh Svoj," dokazuje da je Isus ispunio sve po volji Božjoj. To jest, On je sada mogao da preda Svoj duh Bogu sa ponosom, nakon što je okončao Svoje djelo u potpunom pokoravanju Bogu.

Apostol Pavle je priznao: „*Dobar rat ratovah, trku svrših, vjeru održah; dalje, dakle, meni je pripravljen vijenac pravde, koji će mi dati Gospod u dan onaj, pravedni sudija; ali ne samo meni, nego svima koji se raduju Njegovom dolasku.*" (2. Timoteju Poslanica 4:7-8).

Đakon Stefan je takođe živjeo po volji Božjoj i održavao je vjeru. Zbog toga je on mogao da se moli: „ *Gospode Isuse!* *Primi duh moj"* pa je ispustio poslednji dah (Djela Apostolska 7:59). Apostol Pavle i Stefan ne bi mogli da se mole na ovaj način da su vodili ovozemaljski život, tražeći zadovoljstva poduprta griješnom prirodom.

Isto tako, vi možete ponosno reći: „Gotovo je," i „Oče, u ruke Tvoje predajem duh Svoj," kao što je Isus učinio, kada proživite samo po volji Boga Oca.

Šta se desilo nakon Isusove smrti?

Isus je umro na krstu nakon što je glasno rekao Svoje zadnje riječi. Bilo je to devetog sata (tri sata popodne). Mada je bio dan, tama je pala na cijelu zemlju od šestog (podne) do devetog sata i zavesa hrama se podijelila na pola (Jevanđelje po Luki 23:44-45).

I gle, zavjesa crkvena razdre se nadvoje od gornjeg kraja do donjeg; i zemlja se potrese, i kamenje se raspade. I grobovi se otvoriše, i ustaše mnoga tijela svetih koji su pomrli; I izašavši iz grobova, po vaskrsenju Njegovom, uđoše u sveti grad i pokazaše se mnogima. (Jevanđelje po Mateju 27:51-53).

Postoji važno duhovno značenje u frazi: „zavjesa crkvena razdre se nadvoje od gornjeg kraja do donjeg." Dugačka crkvena zavjesa je odvajala Sveto Mjesto od Svetinje nad Svetinjama. Niko ne može da uđe na Sveto Mjesto osim svještenika i samo najviši svještenik je mogao da uđe u Svetinju nad Svetinjama jednom godišnje. Cijepanje crkvene zavese ukazuje da je Isus ponudio Sebe kao dar spokojstva da se poruši zida grijehova. Prije nego što je zavjese pokidana nadvoje, visoki svještenik je u ime ljudi prinosio žrtve za grijeh i bio im posrednik sa Bogom.

Vi možete da imate direktnu vezu sa Bogom zato što je zid grijehova srušen kroz Isusovu smrt. To jest, svako ko vjeruje u Isusa Hrista može da uđe u svjetilište i bogosluži i moli se Bogu bez posredovanja visokih svještenika ili proroka.

Zato, pisac poslanice Jevrejima primjećuje: *„Imajući, dakle, slobodu, braćo, ulaziti u svetinju krvlju Isusa, putem novim i živim koji nam je obnovio zavjetom, to jest tijelom Svojim."* (Poslanica Jevrejima 10:19-20).

Pored toga, zemlja se zatresla i stene raspale. Svi ovi neprirodni događaji vam govore da je sva priroda na ovom svetu bila potrešena. To je bilo prikaz Božje žalosti izazvane ljuckom bezbožnošću. Bog je pokazao da je bio duboko povrijeđen zato što je ljudsko srce bilo pretvrdo da prihvati Isusa Hrista iako je On dao Svog jedinog Sina da ih spasi.

Grobnice su se otvorile i oživjela su tijela mnogih svetih ljudi koji su umrli. To je dokaz vaskrsnuća, da je svakom ko vjeruje u Isusa Hrista oprošteno i on ponovo živi.

Zbog toga, ja se nadam da vi razumijete duhovna značenja i ljubav Gospoda u Njegovih zadnjih sedam reči na krstu, tako da možete da vodite pobjednički hrišćanski život žudeći za Gospodovim pojavljivanjem kao i praoci vjere.

Poglavlje 8

ISTINSKA VJERA I VJEČNI ŽIVOT

- Kako je to velika ta tajna!
- Lažne konfesije ne vode ka spasenju
- Meso i krv Sina Čovječjeg
- Oproštaj jedino uz hodanjem po svjetlu
- Vera praćena delovanjem je prava vera

„Koji jede Moje tijelo i pije Moju krv ima život vječni, i Ja ću ga vaskrsnuti u poslednji dan. Jer je tijelo Moje pravo jelo i krv Moja pravo piće. Koji jede Moje tijelo i pije Moju krv stoji u Meni i Ja u njemu. Kao što Me posla živi Otac, i Ja živim Oca radi; i koji jede Mene i on će živjeti Mene radi."

Jevanđelje po Jovanu 6:54-57

Konačni cilj vjerovanja u Isusa Hrista i odlaska u crkvu je biti spašen i dostići vječni život. Međutim, mnogi ljudi misle da će biti spašeni samo time što nedeljom idu u crkvu i govore da vjeruju u Isusa Hrista, a ne žive u skladu sa Riječi Božjom.

Naravno, kao što je rečeno u Poslanici Galaćanima 2:16: „*Pa doznavši da se čovjek neće opravdati djelima zakona, nego samo vjerom Isusa Hrista, i mi vjerovasmo Hrista Isusa da se opravdamo vjerom Hristovom, a ne djelima zakona; jer se djelima zakona nikakvo tijelo neće opravdati,*" vi ne možete da odete u raj ili da se opravdate površno se držeći zakona, naročito ako je vaše srce puno bezbožnosti. Vi nemate povezanost sa Isusom Hristom, ako nastavljate da činite grijehove i ne slijedite Riječ Božju čak i nakon što ste je naučili.

Zbog toga morate da shvatite da je teško da budete spašeni samo time što ćete usnama izjavljivati vjeru. Krv Isusa Hrista čisti vas od vaših grijehova da bi vas spasila samo kada hodate u svjetlu i živite u istini. Vi treba da imate pravu vjeru praćenu djelima (1. Jovanova Poslanica 1:5-7).

Hajde da sada detaljno razmotrimo kako da imamo istinsku vjeru da bi primili kompletno spasenje i vječni život kao istinska Božja djeca.

Kako je velika ta tajna!

U Poslanici Efežanima 5:31-32 piše: *„Toga radi ostaviće čovjek oca svog i mater, i prilepiće se k ženi svojoj, i biće dvoje jedno tijelo. Tajna je ovo velika; a ja govorim za Hrista i za crkvu."*

Normalno je da kad odraste osoba napusti svoje roditelje i ujedini se sa svojim mužem ili ženom. Zašto je, onda, Bog rekao da je ovo velika tajna? Ako ovaj stih bukvalno shvatite i tumačite, vi nećete znati koja je ovo „velika misterija", ali ako shvatite skriveno duhovno značenje, bićete ispunjeni radošću.

Riječ „crkva" se ovde odnosi na Božju djecu koja su primila Sveti Duh. Naime, Bog je uporedio odnos između Isusa Hrista i vjernika sa onim odnosom kada su muž i žena ujedinjeni.

Kako možete napustiti svijet i biti ujedinjen sa svojim ženikom Isusom Hristom?

Ako vjerom prihvatite Isusa Hrista

Od kako je prvi čovjek, Adam, počinio grijeh time što nije poslušao Boga, grijeh je ušao na ovaj svijet. Svi njegovi potomci su postali robovi grijeha i djeca neprijatelja đavola koji vlada nad ovim svijetom.

Vi ste nekad pripadali ovom svijetu i neprijatelju đavolu, koji ima moć ovog svijeta tame, prije nego što ste prihvatili Isusa Hrista. Ovo je potvrđeno u Jevanđelju po Jovanu 8:44, u kome piše: *„Vaš je otac đavo; i slasti oca svog hoćete da činite. On je krvnik ljudski od početka, i ne stoji na istini, jer nema istine* *u njemu. Kad god govori laž, svoje govori: jer je lažov i otac laži,"* i po 1. poslanici Jovanovoj 3:8, koja kaže: „*Onaj koji čini grijeh od đavola je; jer je đavo griješio od početka.*"

Ipak, kada prihvatite Isusa Hrista kao svog Spasitelja i dođete u svjetlo, vi primate autoritet Božjeg djeteta i bivate oslobođeni od grijehova, zato što su vaši grijehovi oprošteni kroz krv Isusa Hrista.

Ako imate vjeru da vas je Isus Hrist iskupio od vaših grijehova tako što je uzeo Svoj krst, Bog vam kao dar daje Sveti Duh, a Sveti Duh rađa duh u vašem srcu. Sveti Duh vam govori i uči vas Božjoj volji da se ponašate i živite u istini.

Vi onda postajete Božje dijete vođeno Duhom Božjim, i uz Njega uzvikujete „Ava Oče" (Poslanica Rimljanima 8:14-15), i nasljeđujete carstvo nebesko.

Kako divno i misteriozno je da djeca đavola koja su nekad morala da padnu u vječnu smrt postanu Božja djeca koja su sada kroz vjeru vođena na nebesa!

Kada ste vi ujedinjeni sa Isusom time što vjerujete u Njega, Sveti Duh dolazi u vaše srce i sjedinjuje se sa sjemenom života. Bog je stvorio od prašine prvog čovjeka i udahnuo mu u nozdrve dah života. Dah života je sjeme života, sam život. Zato, on nikad ne može da umre i prenosi se na potomke kroz spermatozoide i jajne ćelije ljudskih bića sa koljena na koljeno.

Ovo sjeme života je obavijeno srcem. Nakon što je Bog stvorio Adama, On je usadio znanje života, znanje duha u njegovo srce. Kao što novorođena beba mora da stekne znanje o ovom svijetu da bi postala kulturna i karakterna osoba i živi kao ljudsko biće, živom biću je potrebno znanje o životu da bi postalo istinsko živo biće čak iako je to već sam život. Adam je jednom bio ispunjen samo znanjem o duhu, naime istinom. Međutim, nakon što nije poslušao Boga, prekinuta je komunikacija sa Bogom. On je onda malo po malo počeo da gubi znanje o duhu, a neistina je zauzela mjesto u njegovom srcu. Od tog vremena, srce koje je bilo ispunjeno samo istinom sada je bilo ispunjeno dvijema stvarima: istinom i neistinom. Na primjer, Adam je imao ljubavi u svom srcu, ali je neprijatelj đavo usadio u njega neistinu zvanu mržnja. Rezultat svega, kao što možete da vidite u Knjizi Postanka 4, Kain, koga je Adam izrodio nakon što je počinio grijeh, ubio je svog brata Avelja zbog zavisti i ljubomore.

Kako je vrijeme prolazilo, u srcu je počeo da se razvija još jedan dio koji je bio ispunjen istinom i laži. Taj dio je nazvan „narav." Vi ste naslijedili karakteristike i osobine od vaših roditelja. Vi unosite u vašu svijest ono što vidite, čujete i naučite zajedno sa vašim osjećanjima. Ove dvije formiraju „narav" u težnji za istinom.

Ova narav je često nazvana „savjest," i ona se oblikuje veoma različito zavisno od ljudi sa kojima se srećete, vrstom knjiga koje čitate i okolnostima u kojima ste odgajani. Na primjer, dok posmatrate isti događaj ili pojedinca, neki kažu: „To je zlo" dok drugi mogu reći „To je dobro" ili „To pripada dobroti."

Prema tome, dok analizirate srce jedinke, tamo ima istinski dio koji pripada Bogu, i neiskreni dio koji je dao Satana, i narav jedinke formirana kao rezultat ova dva dijela.

Sveti Duh ujedinjen sjemenom života u srcu

U Adamovom slučaju, ova tri dijela su u srcu obavijala sjeme života koje je bilo dato od Boga. Ovo stanje je kada je Riječ Božja „Vi ćete vaistinu umrijeti" ispunjena nakon što je Adam jeo sa drveta spoznaje dobra i zla. Čak iako tamo postoji sjeme života, ono kao da je mrtvo ako ne funkcioniše.

Na primjer, kada posijete sjeme u polju, ne isklijaju sve sjemenke zato što su neke od njih već mrtve. Ipak, ako su sjemenke žive, one će zasigurno isklijati.

Isto je i sa ljudskim bićima. Ako je sjeme života koje je dato od Boga potpuno mrtvo, ono ne može da oživi, i nema potrebe da Bog priprijemi Isusa Hrista za spasenje čovječanstva ili da napravi raj i pakao.

Međutim, sjeme života dato čovjeku kada je Bog udahnuo dah života u njega je vječno. Kada primite jevanđelje, sjeme života oživljava; što je prostraniji istinski dio u vašem srcu, time ćete lakše prihvatiti jevanđelje. Ko god da sluša poruku sa krsta i prihvati Isusa Hrista prima Svetog Duha. Tada je sjeme života u vašem srcu ujedinjeno sa Svetim Duhom.

Nasuprot tome, ljudi sa savješću kao vrelom peglom sprženom nemaju mjesta da jevanđelje uđe zato što srce neistine potpuno obmotava i prikriva sjeme života u njihovim srcima. Sjeme života koje je bilo u stanju smrti prikuplja snagu da izvede svoju funkciju kada se ukombinuje sa velikom Božjom moći, Svetim Duhom.

Da postanete duhovni čovjek

Kako posjećujete bogosluženja, shvatate Riječ Božju i molite se, Božja milost i jaka snaga vas obuzmu i omoguće vam da slijedite prirodu Svetog Duha.

Kroz ovaj proces, vaše srce i duh postaju jedno pošto vaše srce postaje sve iskrenije tako što se uklanja neistina iz njega, a istina ga ispunjava. Ako je nečije srce potpuno ispunjeno znanjem duše i istinom, ovo srce je samo po sebi duša na isti način kao što je bio i prvi čovjek, Adam.

Čak ako i izgledate kao vjernik, ponašate se u skladu sa vašom prirodom ako se ne molite. Sveti Duh u vama ne može da oživi dušu i vi ste još uvijek tjelesni čovjek. Osim toga, vi ne možete da slijedite prirodu Svetog Duha ako ne prekršite vaša sopstvena razmišljanja i argumente čak iako se molite veoma marljivo ili duže vremena. Zato ne možete biti pretvoreni u duhovnog čovjeka.

Sveti Duh vam omogućava da razmišljate u skladu sa istinom u vašem srcu. To znači, da vi živite po željama Svetog Duha. Zato Satana radi na isti način da vas povede na put uništenja tako što vas mami da slijedite tjelesne misli onoliko koliko još uvijek imate neistine u vašem srcu.

Otuda, vi morate da se otarasite i od tjelesnih misli i od samo-ispravnosti kao što se kaže u 2. Korinćanima Poslanica 10:5: „*Mi uništavamo svaku špekulaciju i ikoju gordost koja se podiže na poznanje Božje, i robimo svaki razum za pokornost Hristu.*"

Kada se pokorite Božjoj Riječi, govoreći: „Da" i slijedite želju Svetog Duha, vaše srce može biti ispunjeno samo istinom, i onda možete postati savršeno posvjećeni duhovni čovjek.

Vi možete dobiti šta god da potražite

Vi postajete jedno sa Gospodom kada odbacite svu neistinu, prekršite „samo-ispravnost" tako što izrodite dušu sa Svetim Duhom, i učinite svoje srce tako čisto kao što je srce vašeg Gospoda Isusa Hrista. Čovjek i žena postaju jedno tijelo i rađaju bebu ujedinjenjem sperme i jajnika. Isto tako, kada odlazite sa ovog svijeta i postajete jedno sa Isusom Hristom, vašim ženikom, prihvatajući Ga, vi rađate duh sa Svetim Duhom i obilno primate blagoslov zato što ste dijete Božje.

Kao što je rečeno u Rimljanima 12:3, postoji mjera vjere, i vi dobijate odgovore na osnovu ovih mjera. U 1. Jovanovoj Poslanici 2:12 i nadalje, razvoj vjere je uporeden sa procesom razvoja ljudske rase.

Oni koji prihvataju Isusa Hrista, primaju Sveti Duh i spašeni su, imaju vjeru male djece (1. Jovanova Poslanica 2:12). Oni koji nastoje da vjeru pretvore u djela imaju vjeru djece (1 Jovanova Poslanica 2:13). Kada oni prerastu ovu etapu i zaista nastoje da pretvore istinu u djela, oni imaju vjeru mladeži (1 Jovanova Poslanica 2:13). Ako još više rastu, oni imaju vjeru očeva (1 Jovanova Poslanica 2:13).

Kada čitate o Jovu iz Starog Zavjeta, Bog ga je prepoznao kao nevinog i neokaljanog čovjeka ali kada ga je Satana izazvao, Bog je dozvolio Satani da testira Jova. U početku, Jov je insistirao na tome da je pravičan. Ipak, uskoro je uvidjeo svoju poročnost i pokajao se pred Bogom kada je njegovo zlo u njegovoj naravi razgolićeno na testu. Jovova samo-ispravnost je prekinuta i njegovo srce je postalo ispravno i čisto u Božjim očima. Samo onda je mogao Bog da ga blagosilja dva puta obilnije nego ranije.

Slično, ako postignete mjeru vjere vaših očeva, što je najviša stepen vjere time što ćete prekinuti samo-ispravnost i postati jedno sa Gospodom, vi možete da primite obilje blagoslova kao dijete Božje. Ovo vam je Bog obećao u 1. Jovanovoj Poslanici 3:21-22: *„Voljeni, ako nam srce naše ne zazire, slobodu imamo pred Bogom; i šta god zaištemo, primićemo od Njega, jer zapovjesti Njegove držimo i činimo šta je Njemu ugodno."*

Vi možete da uživate u blagoslovima kao dijete Božje

Na ovaj način, vi postajete jedno sa Isusom Hristom do tačke dok ne postanete duhovni. Takođe dobijate blagoslov što ste postali jedno sa Bogom onoliko koliko ostvarite Božju pravednost.

Isus vam je obećao u Jevanđelju po Jovanu 15:7: *„Ako ostanete u Meni i riječi Moje u vama ostanu, šta god hoćete ištite, i biće vam."* Takođe, u Jevanđelju po Jovanu 17:21, On nam govori: *„Da svi jedno budu, kao Ti, Oče, što si u Meni i Ja u Tebi; da i oni u Nama jedno budu, da i svijet vjeruje da si Me Ti poslao."*

Na isti način, ako ste ujedinjeni sa Gospodom napuštanjem ovog svijeta kojim vlada đavolja moć tame, vi postajete jedno sa vašim Bogom Ocem. Za ovo, u Galaćanima 4:4-7 čitamo sljedeće:

A kad se navrši vrijeme, posla Bog Sina svog

Jedinorodnog, koji je rođen od žene i pokoren Zakonu, da iskupi one koji su pod zakonom, da primimo posinaštvo. I budući da ste sinovi, posla Bog Duha Sina svog u srca vaša, koji viče: „Ava! Oče!" Tako već nisi rob, nego sin; a ako si sin, i nasljednik si kroz Boga.

Na način na koji ljudi nasljeđuju imovinu svojih roditelja, vi nasljeđujete kraljevstvo Božje kada postanete Njegovo dijete prihvatanjem Isusa Hrista. To jest, djeca đavola nasljeđuju pakao od đavola, a djeca Božja nasleđuju raj od Boga.

Međutim, morate da imate na umu da oni koji ne ožive duh pomoću Svetog Duha moraju da idu u pakao zato što je raj čisto mjesto ispunjeno samo istinom, a onoliko koliko je vaš duh blagonaklon i postaje jedno sa Bogom, vi ćete dobiti slavu da u raju boravite bliže Bogu.

Stoga, ja se nadam da možete da dobijete blagoslov vječnog života prihvatanjem Isusa Hrista, vašeg mladoženje, i postati jedno sa Gospodom Isusom i Bogom Ocem, tako što ćete odbaciti svu neistinu i odagnati samo-ispravnost. Na ovaj način možete da date svu slavu Bogu.

Lažne konfesije ne vode ka spasenju

Isus Hrist postaje vaš iskreni ženik koji vas vodi ka putu vječnog života i blagoslova kada ste ujedinjeni sa Njim kroz vjeru. Ako ličite srcu Isusa Hrista vašeg ženika i dostignete savršenu vjeru, ne samo da ćete naslijediti nebesko kraljevstvo već ćete i sijati tamo kao sunce.

Kada čitate pažljivo Bibliju, nalazite da neki ljudi koji tvrde da vjeruju u Boga nisu spašeni. U Jevanđelju po Mateju 25, postoji alegorija o deset djevica. Pet mudrih djevica koje su spremile ulje su spašene ali drugih pet ne-mudrih djevica nisu mogle biti spašene.

Isto tako, Bog u Bibliji govori jasno ko može a ko ne može biti spašen, čak iako svako od njih može da tvrdi da vjeruje. Onda treba da znate kakav način života morate da vodite da bi bili spašeni.

Jasno se govori u Jevanđelju po Mateju 7:21: *„Neće svaki koji Mi govori: ,Gospode! Gospode!' ući u carstvo nebesko; no koji čini po volji Oca mog koji je na nebesima."* Ako zovete Isusa „Gospode, Gospode," to znači da vjerujete da Isus jeste Hrist. Međutim, ne možete biti spašeni ako samo prizivate Gospodovo ime i posjećujete crkvu nedjeljom.

Zločinitelji ne mogu biti spašeni

Bog vam govori o Presudi u jevanđelju po Mateju 13:40-42:

> *Kao što se dakle kukolj sabira, i ognjem sažiže, tako će biti na kraju ovog vijeka. Poslaće Sin Čovječiji anđele Svoje, i sabraće iz carstva Njegovog sve sablazni i koji čine bezakonje, i baciće ih u peć ognjenu; onde će biti plač i škrgut zuba.*

Kada farmer žanje, on skuplja žito u svoj ambar, ali on vatrom sagori pljevu. Na isti način vam Bog govori da oni koji nisu ispravni u Božjim očima moraju da se suoče sa kaznom.

„Svi kameni spoticanja" odnosi se na sve one koji tvrde da vjeruju u Boga, ali iskušavaju braću i sestre po vjeri i čine im da gube vjeru. Tako, vi nećete biti spašeni ako izazivate ljude da griješe i čine zlo.

Šta je, onda, zlo? 1 Poslanica Jovanova 3:4 piše da: „*Svaki koji čini grijeh i bezakonje čini; i grijeh je bezakonje.*" Baš kao što svaka zemlja ima svoj komplet zakona, tako i u Božjem carstvu postoji duhovni zakon. Zakon duhovnog carstva je Božja Riječ zapisana u Bibliji. Ko god prekrši Božju Riječ je osuđen kao i svako ko prekrši zakon i gonjen je u skladu sa zakonom. Prema tome, kršenje Božje Riječi je zlo i grijeh.

Božji zakon može u globalu biti podjeljen u četiri kategorije: „čini," „ne čini," „drži," i „odbaci." Pošto je Bog svjetlost, On govori Svojoj djeci da čine dobro, da ne čine ono što je loše, da se drže dužnosti djece Božje, a odbace ono što Bog mrzi zato što On želi da Njegova djeca žive u svjetlu.

U Knjizi Ponovljenih Zakona 10:12-13 Bog nam zapovjeda: „*Sada, dakle, Izrailju, šta ište od tebe GOSPOD Bog tvoj, osim da se bojiš GOSPODA Boga svog, da hodiš po svim putevima Njegovim i da Ga ljubiš i služiš GOSPODU Bogu svom iz sveg srca svog i iz sve duše svoje, držeći zapovjesti GOSPODNJE i uredbe Njegove, koje ti ja danas zapovjedam, da bi ti bilo dobro?*" Sa jedne strane, vi ćete dobiti blagoslove ako Božju Riječ sprovedete u djelo. Sa druge strane, vi ćete primiti vječnu smrt zbog zla i grijeha ako ne živite po Njegovoj Riječi.

U Galaćanima 5:19-21, komentarišu se djela tijela:

A poznata su djela tjelesna, koja su: preljubočinstvo, kurvarstvo, nečistota, besramnost, idolopoklonstvo, čaranja, neprijateljstva, svađe, pakosti, srdnje, prkosi, raspre, sablazni, jeresi, zavisti, ubistva, pijanstva, žderanja, i ostala ovakva za koja vam naprijed kazujem kao što i kazah naprijed, da oni koji tako čine neće nasljediti carstvo Božije.

„Preljubočinstvo" se odnosi na sve vrste seksualne nečistote i nečestitosti, uključujući održavanje seksualnih odnosa prije zakonskog braka. „Kurvarstvo" ovde znači nezakonita djela van razuma koja su nastala zbog griješne prirode. „Nečistota" je kada vi uvijek slijedite vaše griješno, seksualno preljubočinstvo i živite prema preljubničkim riječima i djelu. „Idolopoklonstvo" je obožavanje predmeta koji su napravljeni od zlata, srebra, bronze ili neke druge supstance, ili ako volite bilo šta više nego što volite Boga.

„Čaranja" je kada mamite nekoga lukavim lažima. „Neprijateljstva" je imati želju da uništite druge ljude u mržnji, suprotno ljubavi. „Svađe" se odnosi na uporno nastojagnje da se traži samo-korist i vlast. „Ljubomora" je da mrzite drugu osobu zato što osjećate da je bolja od vas samih. „Potok mržnje" ne znači biti samo ljut, već prouzrokovanje štete drugima zbog ogromne ljutnje.

„Rasprave" se odnosi na pravljenje posebne grupe ili ogranka i praćenje Sataninih djela zato što se ne slažete sa drugima. „Raspra" je napraviti stranku i odvojiti se prateći sopstvene misli, a ne misli Svetog Duha. „Jeresi" je poricati Trojedinog Boga i Isusa koji je došao u tijelu, prolio krv da iskupi ljudsku rasu i postao Hrist.

„Zavist" je oštetiti ili sprovoditi štetna djela protiv nekoga zbog ljubomore. „Pijanstvo" je djelo pijenja alkohola, a „Pijančenje" znači ne samo napiti se, živjeti samo-povodljivo, gubiti kontrolu, već i neuspjeh da se na pravi način obave dužnosti bračnog druga ili roditelja.

Uz to, „stvari kao ove" znači da postoji mnogo drugih griješnih djela poput ovih, i oni koji čine ova djela neće biti spašeni.

Grijesi koji vode ka smrti i grijesi koji ne vode

Na ovom svijetu, „grijeh" se razmatra kao „grijeh" kada je rezultat tog grijeha očigledna i fizička šteta drugoj strani, i podržan je čvrstim dokazima. Međutim, Bog, koji je Svjetlost, govori nam da je grijeh ne samo grješna djela već i sva tama koja je protiv svjetlosti.

Čak iako nisu uočljive ili posvjedočene, sve grješne želje u vašem srcu, kao što su mržnja, gnjev, ljubomora, žudnja, procjenjivanje drugih, osuđivanje, obeshrabrenje, i nečasne misli su takođe zlo i grijeh.

Zbog toga Bog nam govori: *„A ja vam kažem da svaki koji pogleda na ženu sa željom, već je učinio preljubu u srcu svom"* (Jevanđelje po Mateju 5:28), i *„Svaki koji mrzi na brata svog krvnik je ljudski; i znate da nijedan krvnik ljudski nema u sebi vječni život"* (1 Jovanova Poslanica 3:15). U nastavku, u Poslanici Rimljanima 14:23 kaže se: *„A koji se sumnja osuđen je ako jede, jer ne čini po vjeri: a šta god nije po vjeri grijeh je, "* a u Jakovljevoj Poslanici 4:17 čitamo da: *„Jer koji zna dobro činiti i ne čini, grijeh mu je."* Zato, morate da shvatite da je je grijeh i bezakonje ne činiti ono što Bog želi i zapovjeda.

Međutim, da li će svi ljudi umrijeti ako počine ove grijehove? Morate razumijeti da je živjeti u vjeri ako se neko, ko je ranije lagao, moli i pokušava da postane iskren čovjek. Čak iako još nisu sasvim odbacili nečasnost u svom srcu zbog slabe vjere, nije istina da neće biti spašeni zbog ovog grijeha.

1 Jovanova Poslanica 5:16-17 govori nam: *„Ako ko vidi brata svog gdje griješi grijeh ne k smrti, neka moli, i daće mu život, onima koji griješe ne k smrti. Ima grijeh k smrti: za taj ne govorim da moli. Svaka je nepravda grijeh; i ima grijeh ne k smrti. "*

Grijesi su obično podjeljeni na dvije kategorije: jedni koji vode ka smrti i drugi koji ne vode ka smrti. Oni koji počine grijeh koji ne vodi ka smrti mogu biti spašeni ako ih ohrabrite, molite se za njih, i pomozite im da se pokaju za svoje grijehove. Pak, ako neko počini grijehove koji vode ka smrti, on ne može biti spašen čak iako se molite za njega.

Ljudi koje smatramo časnima ponekad lažu zbog svoje sopstvene koristi, ili čine mnoga djela prevare čak iako sama ta djela ne štete drugim ljudima. Vi morate da priznate da ste bili griješnici kada spoznate istinu, premda ste mislili da ste vodili ispravan život prije nego što ste vjerovali u Boga. Bog vam pokazuje ne samo vidljive grijehove već i zle misli u vašim srcima, što su sve grijehovi.

Svi prijestupi su grijehovi, a plata za grijeh je smrt. Međutim, Isus Hrist je oprostio sve vaše grijehe u prošlosti, sadašnjosti, i budućnosti prolivajući Svoju krv na krstu. Ima grijehova koje moć Isusove krvi može da oprosti kada se pokajete i okrenete od njih. Ovo su grijehovi koji ne vode ka smrti.

Ako se ne pokajete i nastavite da griješite, vaša savjest će oguglati. Onda, najzad, ne možete da primite duh pokajanja ako počinite grijeh koji vodi ka smrti. Tako, vaši grijesi ne mogu biti oprošteni čak iako pokušate da se pokajete.

Sada, dozvolite nam da pogledamo tri vrste grijehova koje vode ka smrti; huliti na Duha, neprestano sramno govoriti o Sinu Božjem, neprestano griješiti samovoljno.

Huliti na Svetog Duha

Postoje tri stvari u huljenju na Svetog Duha. Vi hulite na Svetog Duha kada govorite protiv Svetog Duha, kada se opirete djelima Svetog Duha i kada sramotite Svetog Duha.

Zato vam kažem: svaki grijeh i hula oprostiće se ljudima; a na Duha Svetog hula neće se oprostiti ljudima. I ako ko reče riječ na Sina Čovječijeg, oprostiće mu se; a koji reče riječ na Duha Svetog, neće mu se oprostiti ni na ovom svijetu ni na onom. (Jevanđelje po Mateju 12:31-32).

I svaki koji reče riječ na Sina Čovječijeg oprostiće mu se, a koji huli na Svetog Duha neće mu se oprostiti. (Jevanđelje po Luki 12:10).

Prvo, „govoriti protiv drugih" je klevetati ih i spriječiti njihova djela. **„Govoriti protiv Svetog Duha"** je pokušati da se spriječi ostvarenje Božjeg kraljevstva omjetanjem djela Svetog Duha koja su zasnovana na nečijoj sopstvenoj želji i mislima. Na primjer, to je pričanje protiv Svetog Duha kada se protivite djelima Božjim koja se ne podudaraju sa vašim mislima čak iako je to djelo Svetog Duha.

Ako osudite slugu Božjeg kao jeretika a on u stvari to nije, i prekinete djela Svetog Duha, to je toliko strašan grijeh pred Bogom da ne može biti oprošten. Stoga, vi morate da budete u stanju da prema istini pravite razliku između duhova.

Naravno, vi morate da strogo upozorite ljude i ne smijete dozvoliti njihovo ponašanje ako pokušaju da okrenu druge da prime zli duh ili ako su pravi jeretici u očima Božjim. U Poslanici Titu 3:10 čitamo: *„ Čovjeka jeretika po prvom i drugom savjetovanju kloni se. "*

Danas, mnogi ljudi osuđuju neke crkve kao jeretičke ili ih čak proganjaju na mnogo načina, a one priznaju Boga Trojedinog i karakterišu se djelima Svetog Duha, budući da ovakvi ljudi ne mogu da naprave razliku između duhova. Premda oni tvrde da vjeruju u Boga, oni nemaju dovoljno Biblijskog znanja u krivovjerju. Ponekad, oni čak i ne znaju definiciju krivovjerja. U slučaju kada proganjaju druge zbog nedostatka pravog znanja, ako se ljudi pokaju i preobrate, njima može biti oprošteno. Međutim, ako uznemiravaju djela Božja sa zlom namjerom i ljubomorom čak iako znaju da je to djelo Svetog Duha, njima nikada ne može biti oprošteno. Možete naići na primjer ovoga u Bibliji. U Jevanđelju po Marku 3, kada je Isus izveo natprirodne znakove i čuda, oni koji su bili ljubomorni na Njega širili su glasinu da je On lud. Glasina se toliko daleko proširila da su članovi Njegove porodice koji su živjeli daleko došli da Ga sklone iz javnosti.

Učitelji zakona i Fariseji kritikovali su Isusa, govoreći: *„A književnici koji behu sišli iz Jerusalima govorahu: ,U njemu je Veelzevul. On pomoću kneza đavolskog izgoni đavole.'"* (Jevanđelje po Marku 3:22). Oni su imalo temeljno znanje o Božjoj Riječi. Oni su znali veoma dobro zakon i učili su narod o njemu, a ipak su se protivili Božjim djelima zbog njihove ljubomore i zavisti prema Isusu.

Drugo, „protiviti se djelima Svetog Duha" je prkositi glasu Svetog Duha koji je Bogom dat, ili procjenjivati i osuđivati djela Svetog Duha i pokušati povrediti druge ljude.

Na primjer, to je kada se priča protiv Svetog Duha da bi se širile glasine ili se krivotvore dokumenta, ili se pastor ili crkva gdje su djela Svetog Duha pokazana proglase za "jeretika" da bi se ometali preporodni skupovi ili okupljanja.

Onda, šta znači: „Ko god izgovara riječi protiv Sina Čovjekovog, biće mu oprošteno?" „Sin Čovječiji" u ovom se stihu odnosi na Isusa koji je došao kao ljudsko biće prije nego što je bio razapet na krstu.

Govoriti protiv Sina Čovječijeg znači ne pokoriti se Isusu, već Ga samo znati i priznati kao osobu zato što je došao u tijelu. Nesposobnost da se Isus prepozna kao Spasitelj je rezultat nedostatka znanja. U ovom slučaju, biće vam oprošteno i možete biti spašeni samo ako se potpuno pokajete i prihvatite Gospoda.

Zato, ako počinite ovakav grijeh bez spoznavanja istine ili prije nego što ste primili Svetog Duha, Bog vam daje šansu da se pokajete i da vam bude oprošteno vrijeme i ponovo.

Međutim, ako ne poslušate i ne pokorite se Gospodu dok tačno znate ko je Isus Hrist, morate shvatiti da vam ovo nikada neće biti oprošteno zato što je to isto kao i govoriti protiv Svetog Duha i suprotstaviti se djelima Svetog Duha.

Treće, huljenje takođe znači sramotiti stvari koje su božanske, svete, i čiste. Huljenje protiv Svetog Duha takođe znači **sramotiti Svetog Duha,** Duha Božjeg, i božansko u Bogu. Grijeh je sramoćenje Božje beskonačne moći i božanstvenosti ako klevetate djela Svetog Duha, govoreći da su to Satanina djela, ili ako insistirate da je nešto djelo Svetoga Duha kada to nije. Takođe, propovjedati istinu kao neistinu, tvrdeći što nije istina kao da je istina, i osuđivati ono što je istina kao da je lažno, sve je to „huljenje protiv Svetog Duha."

U stara vremena, kada bi neko bio uhvaćen zbog svojih riječi ili djela huljenja protiv kralja, to se smatralo izdajom i taj je bio osuđen na smrt.

Ako hulite protiv svetog božanstva Boga, koji je svemoguć i ne može se uporediti ni sa jednim kraljem ovog svijeta, vama ne može nikada biti oprošteno.

Čak i Isus, koji je u osnovi svoga bića bio Bog i došao na ovu zemlju u tijelu, nije nikoga klevetao. Ako vi i dalje klevećete braću i sestre, i uz to sramotite učinjena djela Svetog Duha, kolko bi strašan grijeh to bio! Ako ostanete u strahu i strepnji pred Bogom, vi se ne možete nikad suprotstaviti, govoriti protiv, ili osramotiti Svetog Duha.

Zato morate shvatiti da ovi grijehovi ne mogu nikada biti oprošteni ni na ovom ni na onom svijetu i ne smijete nikad počiniti ove grijehove. Čak iako ste počinili ove grijehove ranije, morate tražiti Božju milost i pokajati se svim srcem.

Neprestano sramno govoriti o Sinu Božjem

Vodi vas u smrt da nanovo razapnete Sina Božjeg i izložite Ga javnom sramu, kao što se opisuje u Poslanici Jevrejima 6.

Jer nije moguće one koji su jednom prosvetljeni, okusili dar nebeski, postali zajedničari Duha Svetog, i okusili dobru riječ Božju, i silu onog svijeta, i otpali, opet obnoviti na pokajagnje, jer sami sebi nanovo raspinju i ruže sina Božijeg. (Poslanica Jevrejima 6:4-6).

Neki ljudi su napustili crkvu i Boga zbog izazova ovog svijeta i

stali da sramote Boga iako su primili Svetog Duha, znali da
postoji Raj i Pakao, i vjerovali u riječ istine. Mi kažemo da su
počinili grijeh ponovnog raspeća i izlaganja javnom sramu Sina
Božjeg. Ovakva osoba ne samo da čini mnogo grijehova pod
kontrolom Satane, već se i odriče Boga i proganja i ponižava
crkvu i vjernike.

Oni su već predali svoju savjest Satani, tako da je njihovo srce
ispunjeno tamom. Zbog toga oni čak uopšte i ne bi željeli da se pokaju a duh
pokajanja čak i ne dopire do njih. Oni čak i nemaju šansu za
pokajagnje i zato im ne može nikada biti oprošteno.

Juda Kariotski je počinio ovaj grijeh. On je bio jedan od
dvanaest Isusovih učenika. On je bio svjedok mnogih znakova i
čuda, ali postao je pohlepan i prodao je Isusa za trideset
srebrnjaka. Kasnije mu je proradila savjest i obuzela ga je žalost,
ali duh pokajanja nije natkrilio Judu. Njegov grijeh nije mogao
biti oprošten, i on je konačno počinio samoubistvo zato što je
bio na velikim mukama zbog svoje krivice (Jevanđelje po Mateju
27:3-5).

Neprestano namjerno griješiti

Poslednji grijeh koji vodi ka smrti je neprestano griješiti
namjerno nakon što ste primili znanje istine.

*Jer kad mi griješimo namjerno, pošto smo primili
poznanje istine, nema više žrtve za grijehe; nego strašno
čekanje suda, i revnost ognja koji će da pojede one koji*

se suprote. (Poslanica Jevrejima 10:26-27).

Da „griješimo namjerno, pošto smo primili poznanje istine" znači ponoviti zabranjene stvari koje Bog ne prašta. Takođe, to znači nastaviti griješiti znajući da je to grijeh, kao što kaže: „*Jer im se dogodi istinita pripovjest: pas se povraća na svoju bljuvotinu, i: svinja okupavši se, u kaljužu.* " (2 Poslanica Petrova 2:22).

Sa jedne strane, kada je David, koji je toliko voleo Boga, učinio preljubu, to je izrodilo mnoge greijhove i navelo ga da ubije jednog od svojih najodanijih vojnika. Međutim, kada je prorok Natan istakao njegov grijeh, kralj David se odmah pokajao.

Sa druge strane, kralj Saul je nastavio da griješi čak i nakon što je prorok Samuel istakao njegove grijehe. David se pokajao i primio Božje blagoslove, dok je Saul bio napušten zato što se nije pokajao i nastavio je da griješi.

Uz to, Balam je bio prorok koji je imao vlast nad blagoslovima i kletvama, ali kada se nagodio sa ovim svijetom da bi dobio bogatstvo i slavu, došao je do mizernog kraja.

Sa jedne strane, Sveti Duh izblijedi u srcu onih koji počine svojevoljno grijehove zato što im Bog okrene leđa. Oni onda gube svoju vjeru i čine zla i pogriješna djela koje kontroliše đavo. Konačno, Sveti Duh će u njima potpuno nestati, i oni ne mogu biti spašeni zato što ne mogu da se pokaju i njihova imena će biti izbrisana iz Knjige Života (Postanak 3:5).

Sa druge strane, ima ljudi koji nastavljaju da griješe jer su upoznali Boga samo znanjem ali ne vjeruju u Njega u svojim srcima. Njihovi grijehovi mogu biti oprošteni i oni mogu biti vođeni ka putu spasenja kada se duboko i svim srcem pokaju i imaju istinsku vjeru.

Zato treba da znate da nećete biti spašeni kada počinite grijeh samovoljno sprovodeći tjelesna djela čak iako ste nekad možda bili prosvetljeni, vjerovali da postoje raj i pakao, i iskusili obilnu Božju milost. Ja se takođe nadam da ćete potpuno razumijeti da su svi grijehovi bezakonje i tama, i Bog ih mrzi čak iako neki od njih ne vode u smrt. Molim vas budite mudar vjernik koji ne dozvoljava ili ne čini ni jedan grijeh.

Meso i krv Sina Čovječjeg

Ako želite da živite zdrav život, vi morate da konzumirate odgovarajuću hranu i piće. Isto tako, da održite zdravim vaš duh i dobijete vječni život, vi morate da jedete tijelo i pijete krv Sina Čovječjeg.

Sada ćete da naučite šta su tijelo i krv Sina Čovječjeg, i zašto morate da jedete Njegovo tijelo i pijete Njegovu krv da zadobijete vječni život, zasnovano na sljedećem tekstu iz Jevanđelja po Jovanu 6:53-55:

A Isus im reče: „Zaista, zaista vam kažem, ako ne jedete tijelo Sina Čovječijeg i ne pijete krv Njegovu, nećete imati život u sebi. Koji jede Moje tijelo i pije

Moju krv ima život vječni, i Ja ću ga vaskrsnuti u poslednji dan. Jer je tijelo Moje pravo jelo i krv Moja pravo piće."

Šta je tijelo Sina Čovječjeg?

Isus vam u Bibliji govori nebeske tajne i Božju volju kroz mnoga poređenja. Za ljude koji žive u ovom trodimenzionalnom svijetu, veoma je teško da razumiju i shvate volju Božju, koji obitava u četvorodimenzionalnom svijetu i iznad. Zato je Isus uporedio nebeske stvari sa neživim stvarima, biljkama, životinjama i životima na ovom svijetu da nam pomogne da bolje razumijemo božansku volju.

To je razlog zašto je Isus, jedan i jedini Sin Božji, upoređen sa kamenom i zvijezdom, koji su nedimenzionalni, sa jednodimenzionalnim vinom, sa dvodimenzionalnim jagnjetom i sa Sinom Čovječjim koji je trodimenzionalan.

Isus je nazvan Sinom Čovječjim, tako da je tijelo Sina Čovječjeg Isusovo tijelo.

Jevanđelje po Jovanu 1:1 nam kaže: *"U početku beše Riječ, i Riječ beše u Boga, i Riječ beše Bog."* Jevanđelje po Jovanu 1:14 kaže da: *"I Riječ postade tijelo i usjeli se u nas i vidjesmo slavu Njegovu, slavu kao Jedinorodnoga od Oca, punu blagodati i istine."*

Isus je Onaj koji je došao na ovaj svijet u tijelu kao Riječ Božja. Prema tome, tijelo Sina Čovječjeg je Riječ Božja, koja je stvarna istina, i konzumiranje tijela Sina Čovječjeg znači naučiti Riječ Božju iz Biblije.

Kako se jede tijelo Sina Čovječjeg

U Izlasku 12:5 i u sledećim stihovima, Isus je oslikan kao „jagnje":

A jagnje ili jare da vam bude zdravo, muško, od godine; između ovaca ili između koza uzmite. I čuvajte ga do četrnaestog dana ovog mjeseca, a tada savkoliki zbor Izrailjev neka ga zakolje uveče. I neka uzmu krvi od njega i pokrope oba dovratka i gornji prag na kućama u kojima će ga jesti.

Generalno, mnogi vjernici misle da se jagnje odnosi na nove vjernike, ali ako pažljivo proučite Bibliju, jagnje je simbol Isusa.

Jovan Krstitelj, gledajući Isusa koji je dolazio prema njemu, je u jevanđelju po Jovanu 1:29 rekao: „*Gle, jagnje Božje koje uze na se grijehe svijeta.*" I apostol Petar naziva Isusa jagnjetom u 1. Poslanici Petrovoj 1:18-19, govoreći: „*Vi niste iskupljeni sa propadljivim srebrom ili zlatom iz sujetnog svog življenja koje ste naslijedili od otaca, nego skupocijenom krvlju, kao od bezazlenog i prečistog jagnjeta, krvlju Hrista.*" Osim ovih, mnogi drugi izrazi upoređuju Isusa sa jagnjetom.

Zašto Biblija upoređuje Isusa sa jagnjetom? jagnje je najmilija i najposlušnija od svih domaćih životinja. Ono prepoznaje glas svog pastira i povinuje mu se. Niko drugi ne može da prevari jagnje, čak ni ljudi koji pokušavaju da imitiraju pastira. Ono ljudima daje bijelu i meku vunu, mlijeko, meso i sve dijelove svog

tijela.
Baš kao što jagnje žrtvuje sve za ljude, Isus se kompletno povinovao Božjoj volji i sve žrtvovao za nas.

Isus je došao na ovaj svijet u tijelu iako je On u svojoj biti Bog, propovjedao nebesko jevanđelje, izliječio mnoge bolesti i nedostatke, i bio raspet. Isus se svega odrekao do bi vas iskupio od grijehova.

Isus je upoređen sa jagnjetom zato što Njegove osobine i djela liče na one od milog jagnjeta, i jesti jagnje simbolizuje jesti tijelo Isusa, naime tijelo Sina Čovječjeg.

Kako bi, onda, trebalo da jedete meso Sina Čovječjeg?

Pogledajmo u Izlazak 12:9-10 koji daje sledeće instrukcije:

Nemojte jesti sirovo ni u vodi kuvano, nego na vatri pečeno, zajedno s glavom i s nogama i s drobom. I ništa nemojte ostaviti do jutra, ako li bi šta ostalo do jutra, spalite na vatri.

Prvo, ne trebate jesti Božju Riječ sirovu

Šta to znači jesti „sirovo" meso Sina Čovječjeg?

Generalno, nije dobro jesti sirovo meso. Ako jedete sirovo meso, možete dobiti neki virus ili bakteriju i razboleti se. Isto tako, Bog vam govori da ne jedete sirovu Božju Riječ zato što je štetna.

Božja Riječ je napisana inspiracijom Svetog Duha, tako da morate da je čitate i načinite je svojom hranom uz inspiraciju Svetog Duha.

Šta ako vi bukvalno shvatite Božju Riječ? Vi vjerovatno nećete shvatiti Božju namjeru. Zbog toga, jesti „ Božju Riječ sirovu" znači bukvalno shvatiti Bibliju.

Kao što Jevanđelje po Jovanu 1:1 kaže: „*Bog beše Riječ,*" Biblija sadrži Božje srce i volju i sve stvari su postignute saglasno sa ovom Riječju.

Božja Riječ nam govori kako mi možemo da odemo na nebesa. Vi potpuno morate da razumijete Božju Riječ da biste dostigli vječni život. Nasuprot tome, tjelesni čovjek ne može da vidi ili shvati duhovni svijet.

To je kao što cvrčak ne zna da je gore nebo dok je larva u zemlji. To je kao što pile ne zna za vanjski svijet dok je u jajetu. To je kao što beba ne zna ništa o svijetu dok je još uvijek u majčinom stomaku.

Isto tako, sve dok ste u ovom tjelesnom svijetu, vi ne znate ništa o duhovnom svijetu.

Bog vam govori da postoji drugi svijet izvan ovog trodimenzionalnog svijeta. Baš kao što neizleglo pile mora da polomi svoju ljusku, vi takođe morate da prekinete vašu tjelesnu misao da bi razumijeli i ušli u duhovno carstvo.

Na primjer, u Jevanđelju po Mateju 6:6 čitamo: „*A ti, kad se moliš, uđi u unutrašnju, tajnu sobu svoju, zatvori vrata svoja i moli se Ocu svom koji je u tajnosti, i Otac tvoj koji vidi šta je urađeno u tajnosti, nagradiće te.*" Ako bi ste bukvalno preveli ovaj stih, vi bi uvijek morali da se molite u svojoj sobi. Ipak, ne možete naći da su se naši prethodnici u vjeri molili tajno u svojim sobama.

Isus se nije molio u Svojoj sobi nego provodeći noć na planini (Jevanđelje po Luki 6:12), i rano ujutru na osamljenom mjestu (Jevanđelje po Marku 1:35).

Povrh toga, Danilo se molio tri puta dnevno sa prozorima otvorenim u pravcu Jerusalima (Danilo 6:10), a apostol Petar se molio na krovu (Dela 10:9).

Onda, šta znači kad je Isus rekao: „A ti, kad se moliš, uđi u unutrašnju, tajnu sobu svoju, zatvori vrata svoja i moli se?"

Ovde „soba" duhovno simbolizuje srce osobe. Znači ići u svoju tajnu sobu znači prevazići svoje misli i otići u dubinu svog srca, baš kao što bi vi prešli dnevnu ili spavaću sobu da bi otišli u unutrašnju, tajnu sobu. Samo tada, vi možete da se molite svim srcem.

Kada odete u unutrašnju, tajnu sobu, vi ste izolovani od spoljašnosti. Isto tako, kada molite, vi morate da blokirate sve nepotrebne misli, uznemirenja i brige i svim svojim srcem se molite.

Zbog toga, ne smijete jesti tijelo Sina Čovječjeg sirovo. Vi ne treba da bukvalno shvatite Božju Riječ. To jest, vi morate Božju Riječ duhovno da shvatite inspirisani Svetim Duhom.

Drugo, ne jedite Božju Riječ kuvanu u vodi

Šta znači „Nemojte jesti u vodi kuvano?" To znači da ne smemo da dodamo ništa Božjoj Riječi nego da je jedemo čistu.

Nije pravo propovjedati Božju Riječ i mješati je sa politikom, pričama o društvu, ili sa izrekama omiljenih ili istorijskih ličnosti.

Bog, koji je stvorio nebo i zemlju i kontroliše život i smrt, blagoslov i prokletstvo čovječanstva, je svemoguć i nema mane. U 1. Poslanici Korinćanima 1:25 se kaže: „*Jer je ludost Božija mudrija od ljudi, i slabost je Božija jača od ljudi.*" Ovo je zapisano da bi vi shvatili da se čak i najmudrija i najizvanrednija osoba ne može porediti sa Bogom.

U cijelom svom životu ne možete da ispropovjedati sve što se nalazi u Bibliji. Pa kako se onda usuđujete da mješate ljudske riječi i Božju Riječ kada prenosite poruku? Ljudske riječi se mjenjaju kako vrijeme prolazi. Čak i da ima neke istine u njima, one su već bile rečene u Bibliji, i one su rečene Božjom mudrošću.

Zbog toga, vaš prioritet mora biti čista Božja Riječ kada nekog podučavate o Bibliji. Naravno, vi možete dati neka upoređenja ili ilustracije da omogućite ljudima da još lakše razumiju Božju Riječ i tajne duhovnog svijeta.

Vi morate da shvatite da je jedino Božje Riječ vječita i savršena, i kompletna istina koja vas vodi u vječni život. Zato ne možete jesti Njegovu Riječ kuvanu u vodi.

Treće, vi morate jest Božju Riječ pečenu vatrom

Šta znači „*Na vatri pečeno, zajedno s glavom i s nogama i s drobom?*" (Izlazak 12:9) To znači da vi morate da učinite Božju Riječ, meso Sina Čovječjeg, vašom duhovnom hranom cijelu, bez da išta izostavite.

Na primjer, neki ljudi sumnjaju u činjenicu da je Mojsije razdijelio Crveno more. Neki ljudi čak ni ne pokušavaju da pročitaju treću knjigu Mojsijevu, Levitska, zbog toga što se žrtvovanja u Starom Zavjetu teško razumiju. Neki drugi ljudi kažu da je teško povjerovati u čuda koja je Isus činio i misle da su se takva čuda mogla desiti samo pre 2000 godina. Oni izostavljaju mnoge stvari koje se ne uklapaju sa ljudskom svješću i pokušavaju da izvuku samo moralne lekcije.

Oni ne pokušavaju ni da zapamte takve riječi kao „Voli svog neprijatelja," ili „Izbegni sve vrste zla" zato što im te riječi izgledaju preteške da se ispoštuju. Da li bi bilo moguće da oni budu spašeni?

Zbog toga ne treba da, kao budalasti ljudi, uzimate iz Biblije samo ono što vi želite. Vi treba da jedete sve riječi iz Biblije valjano ispečene na vatri od Postanka do Otkrovenja.

Šta se onda podrazumijeva pod, jesti Božju Riječ „ispečenu na vatri?" Vatra se ovde odnosi na vatru Svetog Duha. Vi morate biti ispunjeni i inspirisani Svetim Duhom kada čitate i slušate Božju Riječ zato što je napisana kroz inspiraciju Svetog Duha. Drukčije, to je samo znanje, ne duhovna hrana.

Da bi jeli Božju Riječ ispečenu na vatri, vi treba vatreno da se molite. Molitve služe kao ulje koje postaje izvor punoće Svetog Duha. Ako jedete Božju Riječ inspirisani Svetim Duhom, ona je slađa nego med. Vama, takođe, nikada neće biti dosadno čak i ako je propovjed veoma duga, zato što je to tako dragocijeno i vi volite da slušate Božju Riječ kao što žedni jelen traži planinski potok.

Ovako se jede Božja Riječ pečena na vatri. Samo na ovaj način ćete vi razumijeti Božju Riječ, napraviti je vašim duhovnim mesom i krvlju, i shvatiti i slediti Božju volju. Ovako vi rađate duh uz pomoć Svetog Duha, uzvišujete vašu vjeru, i obnavljate izgubljenu sliku Božju tako što spoznajete cjelovitu dužnost čovjeka.

Međutim, onima koji jedu Božju Riječ sa svojim mislima bez da je ispeku na vatri, se čini da je Božja Riječ dosadna, i oni je se ne mogu sjetiti zato što je slušaju uz beskorisne misli. Oni ne mogu niti rasti duhovno, niti zadobiti vječni život.

Četvrto, vi ne treba da ostavite Božju Riječ do jutra

Šta znači „I ništa nemojte ostaviti do jutra, ako li bi šta ostalo do jutra, spalite na vatri?"

To znači da treba da jedete meso Sina Čovječjeg, Božju Riječ tokom noći. Svijet u kome sada živite je mračni svijet koji kontroliše đavo, i duhovno može biti nazvan kao noć ili noćno doba. Kad naš Gospod dođe opet, sva tama će nestati i sve će biti obnovljeno; nastaće jutro, svijet svjetlosti.

Zato „ništa nemojte ostaviti do jutra" znači da treba da naučite Božju Riječ da bi se pripremili kao mlada našeg Gospoda prije nego što se On vrati.

Uz to, nebitno da li je Gospodov povratak blizu ili ne, vi živite samo sedamdeset ili osamdeset godina, i ne znate kada ćete sresti Gospoda. Dok ne sretnete Gospoda, vi duhovno rastete do tačke da jedete meso i pijete krv Sina Čovječjeg. Tako da vi treba da marljivo učite Božju Riječ i rastete duhovno.

Ako imate očevu vjeru konstantnim uvjećanjem razvoja vašeg

duha, vi ćete kao sjajno sunce dobiti nebesku slavu blizu Božjeg prijestolja u Njegovom kraljevstvu, zato što znate Boga koji je od početka, gajite devet plodova Svetog Duha i Blaženstvo, i odslikavate Božji lik.

Piti krv Sina Čovječjeg

Da bi održali život, vi morate da pijete vodu i uz nju da jedete hranu. Ako vi uopšte ne konzumirate vodu, hrana ne može da se vari i vi ćete umrijeti. Kada hrana izmješana sa vodom ode u želudac, one se vare, upijaju se hranljive materije a otpad se izdvaja.

Na isti način, kada jedete meso Sina Čovječjeg, ako ne pijete krv Sina Čovječjeg, vi to ne možete da svarite. Zbog toga, vječni život možete da dostignete samo ako jedete meso Sina Čovječjeg i uz to pijete krv Sina Čovječjeg.

„Piti krv Sina Čovječjeg" znači staviti Božju Riječ u dejstvo sa vjerom. Nakon što slušate Riječ Božju, veoma je važno da radite po njoj, a to je vjera. Ako ne radite po Božjoj Riječi nakon što ste je saslušali i spoznali, beskorisno je slušati je.

Kao što su hranljive materije upijene i otpad izbačen kada varite hranu, Božja Riječ, istina, je upijena a neistina izbačena kada vi činite po Božjoj Riječi kako bi očistili vaše nečisto srce.

Šta je onda „upiti istinu" i „izbaciti neistinu?" Recimo da ste slušali Božju Riječ: „Ne mrzite, nego volite jedni druge." Ako vi to učinite svojom hranom i djelujete po njoj, hranljivi sastojak zvan ljubav je upijen a otpad zvani mržnja izbačen. Vaše srce automatski postaje čistije i iskrenije tako što izbacuje prljave i nečiste misli.

Raditi po Božjoj Riječi nakon što ste je čuli

Međutim, ako ne radite po Božjoj Riječi, vi ne pijete krv Sina Čovječjeg. Zbog toga, Božja Riječ je samo djelić znanja u glavi i vi na možete biti spašeni ako ne delate prema njoj.

Piti krv Sina Čovječjeg, činiti po Božjoj Riječi, ne može biti učinjeno samo uz ljudski napor. Vi morate da imate želju i da se trudite da delate po Njegovoj Riječi, i onda primate Božju milost, snagu, i pomoć Svetog Duha time što se vatreno molite.

Da ste mogli da se oslobodite grijeha svojim sopstvenim trudom, Isus ne bi morao da bude razapet, i Bog ne bi morao da šalje Svetog Duha.

Isus Hrist je bio razapet da oprosti vaše grijehove zato što vi niste mogli sami da riješite problem grijeha, pa je Bog poslao Svetog Duha da vam pomogne da promjenite vaše nečisto u čisto srce.

Sveti Duh, Duh Božji, pomaže Božjoj djeci da žive u istini i pravednosti. Zbog toga, uz pomoć Svetog Duha, Božja djeca treba da žive po Božjoj volji oslobađajući se svojih grijehova i prime Božju ljubav i blagoslov.

Oproštaj jedino uz hodanjem po svjetlu

Da kažete da jedete meso i pijete krv Sina Čovječjeg, to znači da delate u svjetlu saglasno sa Riječju Božjom. Onda, na kakva se to djela odnosi? Morate da se lepo ponašate na svjetlu. Vi napuštate tamu i djelujete na svjetlu kada jedete meso Sina Čovječjeg, svarite ga i učinite vaše srce istinitim. Kada delujete na svjetlu, krv Gospodova čisti vaše prošle, sadašnje i buduće grijehove.

Čak i ako imate grijehove koji još nisu uklonjeni, kada se iskreno pokajete pred Bogom, vama Božjom milošću mogu biti oprošteni grijehovi. Oni koji iskreno vjeruju u Boga i pokušavaju da postignu pravednost u svojim srcima nisu više griješnici nego pravedni ljudi, pa oni mogu dobiti vječni život i biti spašeni.

Bog je svjetlost

1. Jovanova Poslanica 1:5 kaže: „*I ovo je obećanje koje čusmo od Njega i javljamo vama, da je Bog Svjetlo, i tame u Njemu nema nikakve.*"

Apostol Jovan, koji je napisao Prvu Poslanicu Jovanovu, koga je učio lično Isus, koji je došao na ovaj svijet i postao svjetlo ovog svijeta i put ka Bogu.

Zato se kaže o Isusu u Jevanđelju po Jovanu 1:4-5: „*U Njemu beše život, i život beše videlo ljudima. I videlo se svjetli u tami, i tama Ga ne obuze.*" Isus se proglasio: „*Ja sam put i istina i život; niko neće doći k Ocu do kroza Me.*" (Jevanđelje po Jovanu 14:6).

Ipak, učenici Isusovi su bili svjedoci činjenici da je „Bog Svjetlost" kroz Isusa, a poruka koju vam objavljuju je da „Bog jeste Svjetlost."

Svjetlost duhovno znači istina

Šta je, onda, „svjetlost?" Duhovno, svjetlost znači istina a istina je suprotno od tame.

Bog nam govori u Poslanici Efežanima 5:8: „*Jer bejaste nekada tama, a sad ste videlo u Gospodu; kao djeca videla živite.*" Oni koji slušaju poruku da „Bog je Svjetlost" i nauče istinu od Boga mogu da sijaju i obasjaju ovaj svijet, na način na koji svjetlost izganja tamu.

Djeca svjetlosti koja se ponašaju u skladu sa istinom nose plod Svjetlosti. Zbog toga je rečeno u Poslanici Efežanima 5:9: „*Jer plod Svjetla sadrži se u svakoj dobroti i pravdi i istini.*" Duhovna ljubav opisana u 1. Korinćanima Poslanici 13 i plod Svetog Duha kao što je ljubav, radost, mir, strpljenje, ljubaznost, dobrota, vjernost, nežnost i samokontrola su plod Svjetlosti.

Štaviše, svjetlost se odnosi na sve riječi istine o dobroti, ispravnosti i ljubavi kao što je „volite jedni druge, molite se, održavajte Sabat, pridržavajte se deset Zapovjesti" koje vam Bog govori u Bibliji.

Tama duhovno znači grijeh

Tama se odnosi na stanje u kome nema svjetlosti, a to duhovno znači grijeh.

Sve neistine stvari, koje su suprotne istini su takve stvari, kao što je opisano u Rimljanima 1:28-29: „*I kao što ne marahu da poznadu Boga, zato ih Bog predade u pokvaren um da čine šta ne valja, da budu napunjeni svake nepravde, kurvarstva, zloće, lakomstva, pakosti; puni zavisti, ubistva, svađe lukavstva, zloćudnosti.* " Sve ovo je tama. Biblija vam govori da se otarasite svih stvari koje pripadaju tami kao što su krađa, ubistvo, preljuba i svaka vrsta zla.

Sa jedne strane, neki ljudi tvrde da su Božja djeca, iako se ne pokoravaju onome što im Bog govori da urade ili se pridržavaju, već rade stvari za koje im Bog govori da ne rade ili da ih odbace. Ovu tamu kontroliše neprijatelj đavo i Satana, i ona pripada ovom svijetu, tako da nikada ne može biti zajedno sa svjetlošću. Zato oni koji delaju u tami mrze svjetlost i žive daleko od nje.

Sa druge strane, istinska djeca Božja, koji je svjetlost i u kome nema tame, treba da se klone tame i rade na svjetlosti. Samo tada, vi možete stvarno da komunicirate sa Bogom i da u vašem životu sve ide dobro.

Dokaz da ste u zajednici sa Bogom

Između roditelja i djece obično postoji veoma bliska zajednica bazirana na ljubavi. Na isti način, to je očigledno za vas-koji vjerujete u Isusa Hrista-da ste u zajednici sa Bogom koji je Otac vašeg duha (1. Poslanica Jovanova 1:3).

Ovde zajednica znači ne samo da jedan poznaje drugog, već obostrano veoma dobro poznavanje. Ne možete da govorite o svojoj zajednici sa Predsjednikom čak iako znate puno toga o njemu. Isto je i sa vašom zajednicom sa Bogom. Da biste imali istinsku zajednicu sa Bogom, vi Njega morate da poznajete onoliko koliko i On poznaje vas.

U 1. Poslanici Jovanovoj 1:6-7 kaže se: *„Ako kažemo da imamo zajednicu s Njim a u tami hodimo, lažemo i ne tvorimo* *istine; ako li u videlu hodimo, kao što je On sam u videlu, imamo zajednicu jedan s drugim, i krv Isusa Hrista, Sina Njegovog, očišćava nas od svakog grijeha.* "

Ovo znači da imate zajednicu sa Bogom samo kada se otarasite grijehova i delate u svjetlosti. Ako kažete da ste u zajednici sa Bogom dok još delate i živite u tami, to je laž. Imati zajednicu sa Bogom znači imati duhovnu i istinom ispunjenu zajednicu, a ne imati samo bezbožnu zajednicu poznavajući Ga samo znanjem iz glave. Vi sami morate biti svjetlost da bi imali zajednicu sa Bogom jer je On svjetlost. Sveti Duh, srce Božje, jasno vas podučava o Božjoj volji sve do nivoa da ostajete u istini kako bi imali dublju komunikaciju sa Bogom dok čitate Božju Riječ i molite se.

Ako hodate u tami

Vi govorite laž ako tvrdite da ste u zajednici sa Bogom ali hodate u tami čineći grijehove. To nije hodanje u istini, i vi ćete na kraju krajeva otići na put smrti.

U 1. Samuelova 2, sinovi svještenika Elia djelovali su zlo i činili grijehove. On je trebao da ih kazni, ali Eli ih je samo upozorio *„Zašto činite ovakva djela? Vi ne treba to da radite"* (Stih 23).

Na kraju, Božji gnjev pao je na njih. Dva sina svještenika Elia poginula su u borbi, a Eli je pao unazad sa svoje stolice pored kapije; slomio je vrat i umro je. Božji gnjev je pao i na njegovo potomstvo (1 Samuelova 2:27, 4:11-22).

Stoga, kao što se kaže u Poslanici Efežanima 5:11-13: *„I ne pristajte na bezrodna djela tame, nego još karajte; jer je* *sramno i govoriti šta oni tajno čine. A sve za šta se kara, vidjelo objavljuje; jer sve što se objavljuje, vidjelo je.* " Ako ima neko ko tvrdi da je u zajednici sa Bogom ali ne hoda u svjetlosti, vi treba da ga savjetujete sa ljubavlju. Ako on i dalje ne stigne do svjetlosti, vi trebate da ga grdite i vodite ka svjetlosti kako ne bi otišao na put smrti.

Oproštaj kroz hodanje po svjetlu

Postoji zakon na ovom svijetu i kada ga neko prekrši, on će biti kažnjen po mjeri toga djela. Međutim, on ne može da izbjegne grižu savjesti zato što je šteta već učinjena čak iako je platio za to što je pogriješno uradio i bio kažnjen.

Takođe, vi i dalje imate griješnu narav u svom srcu čak iako prihvatite Isusa Hrista, grijesi su vam oprošteni, a vi ste proglašeni čestitim. Zato, Bog vam zapovjeda da obrežete svoje srce kako ne bi osećali čak ni grižu savjesti.

Kao što je rečeno u Jeremiji 4:4: *„Obrežite se Gospodu, i skinite okrajak sa srca svog, Judejci i Jerusalimljani, da ne iziđe jarost moja kao oganj i razgori se da ne bude nikoga ko bi ugasio za zla djela vaša,* " obrezivanje srca znači odsjeći kožu sa vašeg srca.

Odsjeći kožu sa srca znači držati se onoga šta Bog govori u Bibliji, kao što je: „Činiti," „Ne činiti," „Pridržavati se," „Odbaciti." Drugim riječima, to znači da odbacite sve što je protiv Božje Riječi, kao što je neistina, zlo, neispravnost, bezakonje i tama, pročistite svoje srce i ispunite ga istinom.

Zato morate vrijedno učiniti Božju Riječ vašom hranom,

uvući hranljive materije time što ćete djelovati po njoj, i izbaciti nepotrebno zlo i neistinu koji pripadaju tami. Kada obrežete svoje srce, vi možete duhovno rasti. Kada, izbacujući grijeh i zlo kao otpad, postanete duhovan i ispravan čovjek, vi imate zajednicu sa Bogom. Onda, krv Isusa Hrista može očistiti vaše grijehe pošto imate ovu zajednicu. Zato, ne možete samo da prihvatite Isusa i biti proglašeni pravednim, nego treba i da se promenite u istinski pravednog čovjeka time što jedete meso, pijete krv Sina Čovječjeg i obrežete svoje srce.

Vera praćena delovanjem je prava vera

Na vaše iznenađenje, možete vidjeti mnoge ljude koji stvarno ne razumiju smisao vjere. Neki kažu: „Zašto jednostavno ne ideš u crkvu? Tako ipak možeš biti spašen."

Ako slušate Božju Riječi i spoznate je, ali ne radite po njoj, to je samo vjera u formi znanja u vašoj glavi, ne istinska vjera. Na taj način, vi ne možete biti spašeni. Šta je vjera koju Bog priznaje? Kako vjerom možete biti spašeni?

Istinsko pokajagnje zahtjeva odvraćanje od grijehova

1. Jovanova Poslanica 1:8-9 kaže da: „*Ako kažemo da grijeha nemamo, sebe varamo, i istine nema u nama. Ako priznajemo grijehe svoje, On vjeran je i pravedan da nam oprosti grijehe naše, i očisti nas od svake nepravde.*"

Šta je, onda to, ispovjedati svoje grijehe? Pretpostavimo da vam Bog kaže: „Moja želja i put prema vječnom životu je prema istoku, zato idi na istok." Uprkos tome, ako vi samo nastavite da idete na zapad i govorite: „Bože, treba da idem na istok, ali ja idem na zapad, pa mi molim te oprosti," to nije ispovjest. Ovo nije vjerovanje u Boga ili strah od Njega, to je više ruganje. Pravo pokajagnje se vrši ne samo ispovjedanjem vaših grijehova usnama nego i potpunim odvraćanjem od grijehova u vašim djelima. Samo tada Bog to prihvata kao pokajagnje i daje vam oproštaj.

Kao što će te umrijeti ako uopšte ne jedete hranu mada znate da morate da bi vas održala u životu, tako niste očišćeni kroz krv Gospodnju ako samo priznate usnama vaše grijehe i ne odvratite se od njih.

Vjera bez djela je mrtva vjera

U Jakovljevoj Poslanici 2:22, se kaže: „*Vidiš li da vjera pomože djelima njegovim, i kao rezultat djela, vjera je perfektna.*" Stih 26 dalje nastavlja: „*Jer, kao što je tijelo bez duha mrtvo, tako je i vjera bez dobrih djela mrtva.*"

Mnogi ljudi idu u crkvu zato što su čuli da postoje raj i pakao. Međutim, pošto oni u svojim srcima stvarno ne vjeruju u ovu činjenicu, djela nisu ispunjena.

Ovo je samo vjera kao znanje i mrtva je.

Uz to, ako svojim usnama ispovjedite kako vjerujete a i dalje živite u grijehu, kako možete da kažete da imate vjeru? Biblija vam govori da grijeh koji je počinjem sa znanjem da je to grijeh, je gori nego grijeh počinjen iz neznanja.

Kada se ispovjedite: „Ja vjerujem," bez djela, vi možda mislite da imate vjeru ali Bog ne priznaje ovo kao pravu vjeru.

Izraelci koji su izašli iz Egipta iskusili su mnoga Božja djela. Bog je razdijelio Crveno more, dao im manu i prepelicu, i zaštito ih stubom oblaka danju i vatrenim stubom noću.

Ipak, kad im je Bog zapovjedio da izvide zemlju Kanan, samo su Josija i Halev vjerovali u Božju Riječ i moć. Kao rezultat, oni Izraelci koji nisu poslušali Boga zato što nisu imali dovoljno jaku vjeru da odu u Kanan, četrdeset godina su kušani po divljini i na kraju umrli tamo.

Vi morate da shvatite da je beskorisno ako ne vjerujete ili ne djelujete po Riječi Božjoj čak i ako vidite i iskusite brojna djela Božja. Vjera se kompletira djelima.

Samo oni koji se drže zakona postaju pravični

Bog nam govori u Poslanici Rimljanima 2:13 da: *„Jer pred Bogom nisu pravedni oni koji slušaju Zakon, nego će se oni opravdati koji ga tvore."*

Vi niste pravični ako samo prisustvujete službi i slušate poruku. Vi postajete pravični samo kad se vaše neiskreno srce promeni u iskreno srce djelovanjem po Božjoj Riječi.

Neki kažu da možete biti spašeni ako samo svojim usnama zovete Isusa Hrista „Gospode" pogriješno tumačeći Poslanicu Rimljanima 10:13: *„Jer koji god prizove ime Gospodnje spašće se."* Međutim, to je apsolutno pogriješno. Kao što se u Isaiji 34:16 kaže: *„Tražite u knjizi GOSPODNJOJ i čitajte, ništa od* *ovog neće izostati; nijedno neće biti bez druga.* Jer Njegova *usta zapovjediše, Njegov Duh ih sabra,"* Božja Riječ ima druga i postaje savršena samo kad je interpretirana sa tim drugom.

Poslanica Rimljanima 10:9-10 kaže: *"Jer, ako priznaješ ustima svojim da je Isus Gospod, i vjeruješ u srcu svom da Ga Bog podiže iz mrtvih, bićeš spasen; jer se srcem vjeruje za pravdu, a ustima se priznaje za spasenje."*

Samo oni koji u svojim srcima istinski vjeruju da je Isus vaskrsao mogu da učine da njihova ispovjest usnama bude istinita zato što oni žive po Božjoj Riječi. Oni će biti spašeni kada se ispovjede sa ovom istinskom vjerom i postanu sve pravičniji, ali oni koji se ne ispovjede sa ovom vjerom ne mogu biti spašeni.

To je zašto je Isus rekao u Jevanđelju po Mateju 13:49-50: *"Tako će biti na kraju vijeka: izići će anđeli i odvojiće zle od pravednih, i baciće ih u peć ognjenu: onde će biti plač i škrgut zuba."*

Ovde, „pravedni" se odnosi na sve one koji priznaju Boga i tvrde da imaju vjeru. „Odvojiće zle od pravednih" znači da oni koji nisu djelovali po Božjoj Riječi ne mogu biti spašeni čak i ako idu u crkvu i vode hrišćanski život.

Bog zaista želi obrezivanje srca

Bog želi da Njegova djeca budu sveta i savršena. Zato nam On kaže u 1. Petrovoj Poslanici 1:15: *"Kao i Sveti Onaj koji vas je pozvao, i vi budite sveti u svemu življenju,"* i u Jevanđelju po Mateju 5:48: *"Budite vi dakle savršeni, kao što je savršen Otac vaš nebeski."*

U vrijeme Starog Zavjeta, ljudi su spašavani zbog djela kao opis onoga što treba da dođe, ali u vrijeme Novog Zavjeta kada je Isus sa ljubavlju ispunio zakon, vi ste spašeni vjerom.

„Biti spašen djelima Zakona" znači da čak iako vi, na primjer, imate nečisto srce da ubijete, mrzite, počinite preljubu, lažete, i tako dalje, to se ne računa kao grijeh ako nije sprovedeno u djelo. U vrijeme Starog Zavjeta Bog nije osuđivao ljude ukoliko nisu sprovodili griješna djela zato što nisu mogli da odbace svoje grijehove sami bez Svetog Duha. Međutim, u vrijeme Novog Zavjeta, vi ste spašeni samo onda kada u vjeri očistite vaše srce od grijehova uz pomoć Svetog Duha, jer vam je Sveti Duh došao. Sveti Duh vam stavlja do znanja razliku između grijeha i ispravnosti, i Osude, i omogućava vam da živite po Božjoj Riječi. Stoga, vi možete iskoreniti neistinu i očistiti od grijeha vaše srce uz pomoć Svetog Duha.

Vi morate shvatiti da Bog zaista traži od vas da očistite vaše srce, otarasite se grijehova, budete sveti, i učestvujete u božanskoj prirodi. Apostol Pavle je znao ovu želju Božju i podučavao kako da očistite srce od grijeha, a ne tijelo (Poslanica Rimljanima 2:28-29). On vas savjetuje kako da se sve do prolivanja krvi odupirete u borbi protiv grijeha, sa očima uperenim ka Isusu, usavršiocu vaše vjere (Poslanica Jevrejima 12:1-4).

Nadam se da možete imati pravu vjeru koja je praćena djelima, shvatajući da ne možete ući u raj jednostavnim uzvikivanjem „Gospode, Gospode," već samo hodanjem u svjetlosti i obrezivanjem vašeg srca.

Poglavlje 9

BITI ROĐEN OD VODE I DUHA

- Nikodim dolazi kod Isusa
- Isus pomaže Nikodimovom
  Duhovnom razumijevanju
- Kad je rođen od vode i Duha
- Tri svjedoka: Duh, voda i krv

Beše pak čovjek među farisejima, po imenu Nikodim, knez jevrejski; ovaj dođe k Isusu noću i reče Mu: „Ravi! Znamo da si ti učitelj od Boga došao; jer niko ne može čudesa ovih činiti koja ti činiš ako nije Bog s njim." Odgovori Isus i reče mu: „Zaista, zaista ti kažem: ako se ko nanovo ne rodi, ne može vidjeti carstvo Božije." Reče Nikodim Njemu: „Kako se može čovjek roditi kad je star? Eda li može po drugi put ući u utrobu matere svoje i roditi se?" Odgovori Isus: „Zaista, zaista ti kažem: ako se ko ne rodi vodom i Duhom, ne može ući u carstvo Božije."

Jevanđelje po Jovanu 3:1-5

Bog je poslao Isusa, Svog jednog i jedinog Sina, i otvorio put spasenja. Ko god Njega prihvati prima pravo da postane dijete Božje i uživa blagosloven i vječni život sada i zauvijek. Međutim, u današnje vrijeme vidite da mnogi ljudi nemaju ovu sigurnost spasenja čak iako su primili Isusa Hrista. Šta više, neki ljudi tvrde da su primili spasenje ali im nedostaje vjera da budu spašeni, ili neki drugi traže da budu spašeni jer su primili Svetog Duha jednom, ali ne mare za svoja djela poslije toga.

Sada da zaključimo poruku sa krsta, dozvolite da kroz priču o Nikodimu budemo jasni o tome kako dostići savršeno spasenje od momenta kada primite Isusa Hrista.

Nikodim dolazi kod Isusa

U Isusovo vrijeme, Fariseji su visoko poštovali Mojsijev Zakon, i pridržavali su se tradicije starih. Oni su bili religiozne vođe među izabranim Izraelcima koji su vjerovali u Božju vrhovnu vlast, vaskrsnuće, anđele, konačni Sud, i Mesiju koji treba da dođe.

Isus ih je, pak, prekorio više puta: „Jadni ste vi, Fariseji." Oni, kao licemjeri, izgledali su ljudima sveti od spolja, ali iznutra bili su puni pohlepe i samo-zadovoljstva kao izbijeljeni grobovi

(Jevanđelje po Mateji 23:25-36).

Nikodim je imao dobro srce

Nikodim je bio jedan od Fariseja iz Jevrejskog vladajućeg savjeta zvanog Sanedrin. Međutim, on nije proganjao Isusa za razliku od drugih Fariseja. Vidjevši čuda i znakove koje je Isus izvodio, on je umjesto toga vjerovao da je Isus došao od Boga. Nikodim je želio da zna ko je Isus zato što je imao dobro srce.

U Jevanđelju po Jovanu 7:51 Nikodim, braneći Isusa, pita Fariseje koji su željeli da Ga uhvate: *„Naš zakon ne osuđuje čovjeka ukoliko najprije ne čuje njega i ne sazna šta je on radio, zar ne?"*

Nije moglo biti lako ovako govoriti kao član Sanedrina u to vrijeme. Čak i sada ako država zabrani ili proglasi nezakonitim Hrišćanstvo, službeno lice ne može stati na stranu Hrišćanstva. Na isti način, u to vrijeme su Izraelci sve druge religije osim Judaizma smatrali lažnim. Nikodim je znao da može biti ekskomuniciran ako stane na Isusovu stranu.

Nikodim je ipak branio Isusa. To je dokazalo da je bio iskren i da je stajao odlučno u vjeri u Isusa.

Jevanđelje po Jovanu 19:39-40 oslikava scjenu odmah nakon Isusove smrti na krstu:

A dođe i Nikodim, koji prije dolazi Isusu noću, i donese pomješane smirne i aloja oko sto litara. I uzeše tijelo Isusovo, i obaviše Ga platnom s mirisima, kao što je običaj u Jevreja da ukopavaju.

Ipak, Nikodim je vjerovao da je Isus čovjek Božji, služio Isusu bez promjena čak i nakon Njegovog raspeća, i dostigao spasenje sa vjerom u Njegovo vaskrsenje.

Nikodim dolazi kod Isusa

U Jevanđelju po Jovanu 3 ima dijalog između Isusa i Nikodima prije nego što je on razumio istinu u duhu.

Jedne noći Nikodim je došao kod Isusa i izjavio: *„Ovaj dođe k Isusu noću i reče Mu: ,Ravi! Znamo da si ti učitelj od Boga došao; jer niko ne može čudesa ovih činiti koja ti činiš ako nije Bog s njim.'"* (Stih 2.)

Nikodim isprva nije znao da je Isus bio Mesija i Sin Božji. Međutim, nakon što je bio svjedok Isusovih čuda, Nikodim je shvatio i izjavio da je Isus čovjek Božji jer je imao dobru savjest. Kroz svoju dobru savjest, on je znao da je jedino Svemogući Bog taj koji je mogao da digne mrtve, učini da slijepi progledaju, učini da hromi prohodaju, i da leprozni budu izliječeni.

Zašto je, onda došao kod Isusa noću? On je bio kao oni ljudi koji ne žele da posjećuju crkvu javno jer nemaju povjerenja u Boga Stvoritelja.

Mada je Nikodim imao dobro srce, nije imao iskrenu vjeru. On nije imao povjerenja u Isusa kao u Sina Božjeg i Mesiju, tako da Isusa nije posjetio danju, javno - učinio je to noću.

Isus pomaže Nikodimovom Duhovnom razumijevanju

Isus je rekao Nikodimu: *„Odgovori Isus i reče mu: Zaista, zaista ti kažem: ako se ko nanovo ne rodi, ne može vidjeti carstvo Božije."* (Jevanđelje po Jovanu 3:3).

Ipak, Nikodim ovo nije nikako mogao da razumije. Onda je pitao ponovo: „Kako se može čovjek roditi kad je star?" On nije imao duhovnu vjeru, tako da se čudio: „Star čovjek umire i vraća se u zemlju, pa kako onda on može biti ponovo rođen?"

Onda mu je Isus rekao o rođenju vodom i Duhom: *„Zaista, zaista ti kažem: ako se ko ne rodi vodom i Duhom, ne može ući u carstvo Božje. Šta je rođeno od tijela, tijelo je; a šta je rođeno od Duha, duh je."* (Stihovi 5-6).

Kada se Nikodim zainteresovao za to šta je Isus rekao, Isus je to objasnio u poređenju: *„Vetar duva gde hoće, i glas njegov čuješ, a ne znaš otkuda dolazi i kuda ide; tako je svaki čovjek koji je rođen od Duha"* (Stih 8).

Nakon Adamove neposlušnosti, duh svakog čovjeka je umro i svako od tog doba je osuđen da umre. Međutim, čovjekova duša oživljava nakon rođenja Svetim Duhom. Kako postaje duhovan, on je ponovo uspostavlja sliku Božju i spašen je. Nikodim, pak, nije razumeo šta je Isus mislio (Stih 9).

Tako da je pitao: „Kako ovo može biti?" Isus je odgovorio:

Kad vam kazah zemaljsko pa ne vjerujete, kako ćete vjerovati ako vam kažem nebesko? I niko se ne pope na nebo osim koji siđe s neba, Sin Čovječiji koji je na nebu.

I kao što Mojsije podiže zmiju u pustinji, tako treba Sin Čovječiji da se podigne; da nijedan koji Ga vjeruje ne pogine, nego da ima život vječni. (Stihovi 12-15).

U Brojevima 21:4-9, Izraelci koje su izvodili iz Egipta govorili su protiv Mojsija zato što su putovanje u Kanan sve teže podnosili. Onda je Bog okrenuo glavu od njih i poslao je otrovne zmije koje su ujedali ljude. Kako su oni vikali za pomoć, Bog je rekao Mojsiju da napravi bronzanu zmiju i da je podigne na stub. Bog je spasio svakog ko ju je pogledao, ali tvrdoglavi ljudi su umrli jer se iz nepoverenja nisu čak ni potrudili da je pogledaju.

Da razumijete Riječ Božju duhovno

Zašto je Bog naredio da se napravi bronzana zmija i da se podigne na stub? Iz Postanja 3:14 mi znamo da je zmija bila prokleta. Dodatno, Poslanica Galaćanima 3:13 kaže: *„Proklet svaki koji visi na drvetu."*

Međutim, stavljagnje bronzane zmije na stub znači da će Isus biti stavljen na drveni krst kao prokleta zmija da bi vas iskupio. Uz to, baš kao što je svako ko je pogledao u bronzanu zmiju živeo, ko god vjeruje u Isusa Hrista je spašen.

Nikodim nije mogao da razumije značenje Riječi Božje, jer on još nije bio rođen od vode i Duha, i njegove duhovne oči još nisu bile otvorene.

Čak i danas, ukoliko niste rođeni vodom i Duhom a duhovne oči vam nisu otvorene, vi ne možete razumijeti značenje duhovne poruke zato što je možete shvatiti bukvalno i pogriješno je razumijeti. Vi morate da se molite revnosno da bi shvatili duhovno značenje Riječi Božje inspirisani Duhom Svetim. Onda će Bog milosti otvoriti vaše srce, i vi možete razumijeti Riječ Božju i imati istinsku vjeru.

Kad je rođen od vode i Duha

Isus je rekao Nikodimu kada ga je posjetio noću: „*Zaista, zaista ti kažem: ako se ko ne rodi vodom i Duhom, ne može ući u carstvo Božije. Šta je rođeno od tijela, tijelo je; a šta je rođeno od Duha, duh je.*" (Jevanđelje po Jovanu 5-6). Dozvolite da razjasnimo značenje riječi rođen vodom i Duhom. Kako možete biti ponovo rođeni vodom i Duhom i postići spasenje?

Voda simbolizuje vodu vječnog života

Voda umiruje vašu žeđ i smiruje unutrašnje organe tijela. To takođe čisti vaše tijelo sa obe strane iznutra i spolja.

Tako je Isus uporedio vodu vječnog života sa vodom da objasni da vas to pročišćava i donosi život.

Isus nam govori u Jevanđelju po Jovanu 4:14: „*A koji pije od vode koju ću Mu ja dati neće ožednijeti dovijeka; nego voda što ću Mu ja dati biće u njemu izvor vode koja tječe u život vječni.*"

Ako pijete vodu, vi niste neko vrijeme žedni, ali ćete najzad ponovo ožednijeti. Voda u ovom napisu znači vječnu vodu. Ko god da pije vodu koju Isus daje neće više nikada biti žedan. Naime, „vrelo vode koje se pruža do vječnog života" daje vam život.

U Jevanđelju po Jovanu 6:54-55, čitamo: *„ Koji jede Moje tijelo i pije Moju krv ima život vječni, i Ja ću ga vaskrsnuti u poslednji dan. Jer je tijelo Moje pravo jelo i krv Moja pravo piće. "* Jer je tijelo Moje pravo jelo i krv Moja pravo piće." To znači, Isusovo tijelo i Njegova krv su vječna voda.

Šta više, Njegovo „tijelo" se odnosi na Riječ iz Biblije zato što Isus jeste Riječ koja je došla na ovaj svijet u tijelu. Jesti Njegovo tijelo se odnosi na održavanje Njegove Riječi u vašim mislima kroz čitanje Biblije.

Krv Isusova je život, a život je istina. Istina je Hrist, a Hrist je moć Božja. Sve ovo je krv Isusova. Pošto moć Božja dolazi u vjeri, piti krv Isusovu znači pokoriti se Njegovoj Riječi vjerom.

Naučili ste da voda duhovno simbolizuje Isusovo tijelo- koja je Riječ Božja i jagnje Božje. Na način na koji voda čisti vaše tijelo, Riječ Božja pere prljave stvari iz vašeg srca.

Zbog toga ste kršteni vodom u crkvi, a krštenje simbolizuje da ste vi dijete Božje kojemu su oprošteni grijehovi. Nadalje, to znači da treba da razmišljate o Riječi Božjoj i njome budete očišćeni svakog dana.

Ponovo rođen vodom

Kako, onda, možete sprati prljavštinu iz vašeg srca Riječju

Božjom koja je vječna voda?

Postoje četiri vrste zapovjesti koje nam Bog daje: „Čini," „Ne čini,"„Održavaj nešto,"„Odbaci nešto." Na primjer, Bog vam je rekao da ne činite stvari kao što su zavist, mržnja, osuđivanje, krađa, preljuba, i ubistvo.

Na isti način, vi ne treba da činite što je zabranjeno i u isto vrijeme, morate da odbacite sve vrste zlih stvari. Vi takođe morate da održavate Sabat, da se evangelizujete, molite i volite jedni druge. Vaše će se srce tada postepeno ispunjavati istinom uz pomoć Svetog Duha, a Riječ Božja će isprati vašu bezbožnost ili grijeh. Na ovaj način, vaše srce može biti očišćeno od grijehova i pretvoreno u istinu djelovanjem shodno sa Riječju Božijom, i ovo je „rođen vodom."

Zato, da bi primili cjelokupno spasenje, ne treba samo da primite Isusa već i da očistite vaše srce od grijehova time što ćete se pokoriti Božjoj Riječi svakog trena vašeg života.

Rođen ponovo sa Duhom

Da bi primili spasenje, trebali bi biti rođeni i vodom i Duhom. Kako možete biti rođeni Duhom? U Djelima Apostolskim 19:2 apostol Pavle pita neke učenike: *„Jeste li primili Duha Svetog kad ste vjerovali?"* Šta je to primiti Svetog Duha?

Prvi čovjek Adam je načinjen od „duha," „duše," i „tijela" (1. Solunjanima Poslanica 5:23), ali njegov duh je umro kao rezultat neposlušnosti. Onda je on postao biće koje nije ništa bolje od životinje napravljene od duše i tijela (Knjiga Propovjednikova

3:18).

Ako okajete svoje grijehe priznajući da ste griješnik, Bog vam daje Svetog Duha kao poklon i kao znak da ste Njegovo dijete (Djela Apostolska 2: 38).

Sva djeca Božja, koja prime Svetog Duha, sposobna su da po Riječi Božjoj razluče između dobra i zla i da njenom moći i snagom sa nebesa žive prema Riječi Božjoj kroz svoju usrdnu i neprestanu molitvu.

Na ovaj način, vi se mijenjate u istinu i imate duhovnu vjeru sve do nivoa da rađate dušu kroz Sveti Duh. U Jevanđelju po Jovanu 3:6 kaže se: *„Šta je rođeno od tijela, tijelo je; a šta je rođeno od Duha, duh je,"* a Jevanđelje po Jovanu 6:63 zapaža: *„Duh je ono što oživljava; tijelo ne pomaže ništa. Riječi koje vam ja rekoh duh su i život su. "*

Postati čovjek duha prateći Svetog Duha

Kada ste rođeni vodom i Svetim Duhom, uspjeli ste da obezbjedite pravo građanstva na nebesima (Filipljanima 3:20). Kao Božje dijete, vi posjećujete bogosluženja, slavite Ga sa radošću i težite da živite u svjetlosti.

Prije nego da dobijete Svetog Duha, vi ste živjeli u tami zato što niste znali istinu. Međutim, nakon što dobijete Sveti Duh, vi pokušate da živite u svjetlosti.

Kako vrijeme prolazi, shvatate da dok se u srcu radujete, vi se konstantno iznutra borite. To je zato što se zakon Duha koji prati želje Svetog Duha bori protiv zakona griješne prirode koji prati požudu tijela, požudu očiju i hvalisavi ponos života (1

Poslanica Jovanova 2:16).

Apostol Pavle je govorio o ovoj borbi: „*Jer imam radost u zakonu Božjem po unutrašnjem čovjeku, ali vidim drugi zakon u udima svojim, koji se suproti zakonu uma mog, i zarobljava me zakonom grijehovnim koji je u udima mojim. Ja nesrećni čovjek! Ko će me izbaviti od tijela smrti ove?*" (Poslanica Rimljanima 7:22-24).

Kada ste rođeni vodom i Svetim Duhom, samo ste postali dijete Božje. To ne znači da ste duhovno savršena osoba. Zbog toga nam se u Poslanici Galaćanima 5:16-17 govori: „*Velim pak: po duhu hodite, i želja tjelesnih ne izvršujte. Jer tijelo želi protiv duha, a duh protiv tijela; a ovo se protivi jedno drugom, da ne činite ono šta hoćete.*"

Da biste slijedili Sveti Duh, morate živjeti u skladu sa Riječju Božjom i činiti djela Bogu prihvatljiva i ugodna. Tako, ako pratite želje Svetog Duha, nećete biti dovedeni u iskušenje i moći ćete da porazite neprijatelja đavola i Satanu koji vas mame da pratite želje griješne prirode. Možete da živite u istini i odano se posvjetiti Božjem kraljevstvu i Njegovoj pravednosti.

Kada pratite želje Svetog a Duha, vi ste u radosti i miru. Ipak, vi ćete biti bedni i opterećeni kada pratite želje griješne prirode.

Kako vaša vjera sazrijeva, vi možete da odbacite svoje grijehe i pratite želje Svetoga Duha u svakom pogledu. Želje u vama koje žele da prate griješnu prirodu će nestati. Šta više, vi ne morate da se borite da bi odbacili grijehove i da se i dalje osjećate bedno. Uvek možete biti veseli u svim uslovima.

Bog je zadovoljan onima koji žive po željama Duha. On im ostvaruje želje njihovih srca kao što nam obećava u Psalmima

37:4: „*Tješi se GOSPODOM, i učiniće ti šta ti srce želi.*"
Ako promjenite svoje srce u srce ispunjeno samo sa istinom,
Bog je veoma zadovoljan vama i učiniće sve mogućim za vas.
Ja se nadam da ćete biti rođeni vodom i Duhom, i živjeti saglasno sa
željama Duha.

Tri svjedoka: Duh, voda i krv

Kao što sam već objasnio, vi treba da ste rođeni vodom i
Duhom da bi bili spašeni. Međutim, da bi primili kompletno
spasenje, vi morate biti očišćeni od grijehova krvlju Isusovom
hodanjem u svjetlosti.
Ako vaše srce nije očišćeno, vi i dalje imate grijehe. Zato,
vama treba krv Isusa Hrista da bi bili očišćeni od preostalog
grijeha.
Za ovo, 1 Jovanova Poslanica nam govori sljedeće:

Ko je koji svijet pobeđuje osim onog koji vjeruje da je
Isus Sin Božji? Ovo je Isus Hristos što dođe vodom i
krvlju i Duhom, ne samo vodom nego vodom i krvlju. I
Duh je koji svjedoči, jer je Duh istina. Jer je troje što
svjedoči na nebu: Otac, Riječ, i Sveti Duh; i ovo je troje
jedno.

Isus dolazi vodom i krvlju

U Jevanđelje po Jovanu 1:1 čitamo da: „*Riječ beše Bog*", a u

Jevanđelje po Jovanu 1:14: *„I Riječ postade tijelo i useli se u nas puno blagodati i istine; i vidjesmo slavu Njegovu, slavu, kao Jedinorodnoga od Oca.* " Znači da je Isus, Božji jedini Sin i apsolutna Riječ Božja, došao na zemlju u tijelu da oprosti naše grijehove. Čak i danas, On nastavlja da nas čisti sa Riječju Božjom- Biblijom.

Ipak, vi ne možete živjeti po Riječi Božjoj bez pomoći Svetog Duha. Nemoguće je odbaciti grijehove sopstvenom snagom. Vi trebate da primite pomoć Svetog Duha kroz usrdnu molitvu kako bi mogli da odagnate žudnju tijela, žudnju očiju i ponos života. Samo tada možete da odbacite tamu neistine iz vašeg srca.

Uz to, treba vam prolivena krv da bi vam bilo oprošteno. U Jevrejima 9:22 kaže se da: *„I gotovo sve se krvlju čisti po zakonu, i bez prolivanja krvi ne biva oproštenje.* " Vama je potrebna Isusova krv zato što vam samo Njegova nevina i čista krv daje oproštaj.

Vi morate da vjerujete u Isusa koji je došao vodom i krvlju, i primite Svetog Duha kao poklon Božji da bi dostigli spasenje za koja vam trebaju sljedeća tri: Duh, voda i krv.

Ako nema prolivanja krvi, onda nema oproštaja i vi ste i dalje griješnik. Vama treba ne samo Riječ-voda- da bi bili pročišćeni, već takođe i Sveti Duh da vam pomogne da živite u skladu sa ovom Riječju u potpunosti. Tako su ova tri u saglasju.

Štaviše, nakon što su nam oprošteni grijehovi prihvatanjem Isusa Hrista, mi moramo da nastavimo da bi bili rođeni vodom i Duhom kako bi stekli savršeno spasenje, razumjevajući činjenicu da nas ova tri skupno, Duh, voda i krv, spašavaju i vode na Nebesa.

Poglavlje 10

ŠTA JE JERES?

- Biblijska definicija jeresi
- Duh istine i duh zablude

„A beše i lažnih proroka u narodu, kao što će i među vama biti lažnih učitelja, koji će unijeti jeresi pogiblji, i odricaće se Gospodara koji ih iskupi i dovodiće sebi naglu pogibao. I mnogi će poći za njihovim nečistotama kojima će se huliti na put istine; I u lakomstvu loviće vas izmišljenim riječima. njihov sud odavno ne docni, i pogibao njihova ne drema."

2 Petrova Poslanica 2:1-3

Pošto se civilizacija materijalizma razvila, ljudi su počeli da se odriču Boga jer zavise od svog razuma i znanja. Kako su se grijehovi proširili, ljudski duhovi su se zamračili a ljudi su se iskvarili. Zato su mnogi ljudi obmanuti lažima zato što ne mogu da razlikuju između onoga šta je istina i šta je pogriješno. Oni takođe čine grešku u osuđivanju drugih ljudi na osnovu njihovog sopstvenog ispravnog znanja i teorija.

U Jevanđelju po Mateju 12:22-23 Isus je iscjelio čovjeka koji je bio opsednut đavolom i koji je bio slijep i mutav. Međutim, kada su Fariseji čuli za ovo, rekli su: *„Ovaj drugačije ne izgoni đavola do pomoću Veelzevula kneza đavolskog."* (Stih 24). Oni su ocjenili da je Božje djelo izveo đavo.

Isus im je rekao u Jevanđelju po Mateju 12:31-32: *„Zato vam kažem: svaki grijeh i hula oprostiće se ljudima; a na Duha Svetog hula neće se oprostiti ljudima. I ako ko reče riječ na Sina Čovječijeg, oprostiće mu se; a koji reče riječ na Duha Svetog, neće mu se oprostiti ni na ovom svijetu ni na onom."*

Fariseji su zaključili da je djelo đavola ono što je Isus učinio uz moć Božju. Ovo je bogohuljenje suprotno Svetom Duhu. Ovim Farisejima, zato, nije bilo moguće oprostiti.

Ako vi jasno raspoznajete istinu i obmanu kroz Bibliju, nećete osuđivati druge ljude niti ćete biti obmanuti lažima.

Hajde da dublje razmotrimo „jeres" sa Božje tačke gledišta,

kako da razlikujemo Božji Duh od onih zlih, i neke jeretičke sekte prema kojima morate biti obazrivi.

Biblijska definicija jeresi

Oksfordski riječnik definiše „jeres" kao „vjerovanje ili mišljenje koje je protivno principima određene religije."

Pavle, optužen kao kolovođa jeretičke sekte

U Djelima Apostolskim 24:5 čitamo da: *„Jer nađosmo ovog čovjeka da je kuga, i podiže bunu protiv sviju Jevreja po vasionom svijetu, i da je kolovođa jeresi nazaretskoj."* Ovde „sekta nazarićanina" se odnosi na „jeretičku sektu," i ovo je prvi put da se riječ „jeretik" pojavljuje u Bibliji.

Jevreji su pred guvernera izneli optužbe protiv Pavla jer su mislili da je jevanđelje koje je Pavle propovjedao bilo jeretičko. Pavle je oborio optužbu i izjavio svoju vjeru kao što je zabilježeno u Djelima Apostolskim 24:13-16:

Niti oni mogu posvjedočiti šta tebi sad na mene govore. Ovo ti pak priznajem da u putu, koji ovi nazivaju jeres, tako služim Bogu otačkom, vjerujući sve što je napisano u Zakonu i u prorocima; I imajući nadanje na Boga da će biti vaskrsenje mrtvima, i pravjednicima i griješnicima, koje i sami ovi čekaju. A za ovo se i ja trudim da imam čistu savjest svagda i pred Bogom i pred ljudima.

Da li je Apostol Pavle zaista bio jeretik?

Treba da pogledate definiciju jeresi u Bibliji zato što je Biblija Riječ Božja, jedino istinsko Biće koje može da razlikuje istinu od obmane. Definicija jeresi je razmatrana u 2 Petrovoj Poslanici 2:1:

A beše i lažnih proroka u narodu, kao što će i među vama biti lažnih učitelja, koji će uneti jeresi pogiblji, i odricaće se Gospodara koji ih iskupi i dovodiće sebi naglu pogibao.

„Gospodara koji ih iskupi" se odnosi na Isusa Hrista. Čovjek je prvobitno pripadao Bogu i živeo po Njegovoj volji. Nakon svoje nepokornosti, međutim, Adam je postao gijrešnik koji pripada đavolu. Međutim, Bog se sažalio nad ljudima koji su bili na putu smrti. Bog je poslao Isusa, Svog jedinog Sina, kao dar mira i dozvolio Mu da bude razapet kako bi otvorio put spasenja kroz Njegovu krv.

Bog je djelovao za nas, koji smo jednom pripadali đavolu, da nam se grijesi oproste ako vjerujemo u Isusa Hrista. Mi primamo i život i pripadamo Bogu ponovo. Eto zašto možemo da kažemo da nas je Isus kupio Svojim raspećem, a Biblija nam govori da je Isus „Gospodar koji ih je kupio."

Jeretici se odriču Isusa Hrista

Sada znate da se „jeretik" odnosi na „one koji se odriču Gospodara koji ih je kupio, doneseći brzo uništenje sami sebi" (2

Petrova Poslanica 2:1). Ovaj izraz nikad nije upotrebljen dok Isus nije ispunio svoju misiju kao Spasitelj. Ime „Isus" znači „[onaj koji] će da spasi Svoj narod od njihovih grijehova." „Hrist" je „Onaj miropomazani." Isus je postao Spasitelj tek kada je učinio Svoja djela - bio razapet i vaskrsao.

Zbog toga ne možete naći ovaj izraz u Starom Zavjetu ili u Jevanđelju po Mateju, Marku, Luki ili Jovanu u kojima je Isusov život zapisan. Čak i Fariseji, učitelji Zakona, i svještenici koji su progonili Isusa nisu koristili ovaj izraz. Niti su ga koristili viši svještenici.

Tek pošto je Isus vaskrsao da bi ispunio Svoju misiju kao Hrist, pojavili se „ljudi koji su se odricali Vladara koji ih je iskupio." I samo tada, Biblija počinje da nas stvarno upozorava o ovim jereticima.

Zato, ako ljudi vjeruju u Isusa Hrista kao u „Vladara koji ih je iskupio," oni nisu jeretici. Ako oni, pak, poriču ovo, oni jesu jeretici.

Apostol Pavle nije se odrekao Isusa koji ga je kupio Svojom dragocjenom krvlju. Umjesto toga, Pavle je odao zahvalnost Isusu Hristu koga je oglašavao gdje god da je išao, i Pavle je bio proganjan i morao je da plati visoku cijenu. Pet puta je on primio od Jevreja četrdeset udaraca bičem, minus jedan. Jednom je bio kamenovan. Bio je zatvoren, progonjen od nejevreja i svojih sugrađana, i izdali su ga oni kojima je vjerovao. Bez obzira na sve ovo, Pavle je postao čovjek velike moći tako što je prevazišao ove patnje sa radošću i zahvalnošću, i slavio je Boga ljеčenjem nebrojenih ljudi u ime Isusa Hrista sve do dana kada je umro mučeničkom smrću.

Pavle je propovjedao Jevanđelje pokazivanjem Božje moći

Vi treba da znate da Božju moć ne mogu pokazati oni koji se odriču Boga Stvoritelja i Isusa Hrista koji je u biti Bog, zato što Biblija izričito kaže: *"Jednom reče Bog i više puta čuh, da je krepost u Boga"* (Psalm 62:11).

Vi ne smijete da osuđujete čovjeka koji demonstrira Božju moć jer ta moć dokazuje da je Bog sa njim i da ta osoba voli Njega mnogo. U Poslanici Galaćanima 1:6-8, Pavle, koji je bio nazvan kolovođom Nazaretske sekte, izričito opominje da se ne slijede ili propovjedaju jevanđelja drugačija od poruke sa krsta:

Čudim se da se tako odmah odvraćate na drugo jevanđelje od Onog koji vas pozva blagodaću Hristovom; koje nije drugo, samo što neki smetaju vas, i hoće da izvrnu jevanđelje Hristovo. Ali ako i mi, ili anđeo s neba javi vam jevanđelje drugačije nego što vam javismo, proklet da bude!

Čak i danas, neki ljudi se smatraju jereticima, čak iako se nikad ne odriču Isusa Hrista već samo propovjedaju Jevanđelje Hristovo i proklamuju živog Boga demonstrirajući i radeći uz Njegovu moć.

Nemojte nasumice osuđivati druge kao jeretike

Ja sam takođe propatio i izdržao seriju iskušenja jer sam bio optužen za jeres, pošto sam demonstrirao Božju moć i moja crkva je sve više rasla. U stvari, veličina crkvene zajednice je porasla na više od 120.000 članova za manje od tri dekade od kako je crkva osnovana 1982. god. Ja sam patio od mnogih bolesti sedam godina, i bio izliječen Božjom moći u jednom momentu. Onda sam pokušao da živim za slavu Božju šta god da sam jeo i pio kao što je Apostol Pavle radio. Stavio sam svoj život u Božje ruke i fokusirao se na „Jedino Isus, uvijek Isus."

Od vremena kada sam bio svjetovnjak, pokušao sam da svjedočim da me je Bog izliječio i da propovjedam Jevanđelje. Nakon što sam bio pozvan kao sluga Božji, propovjedao sam poruku sa krsta i proklamovao živog Boga i Isusa Spasitelja. Čak sam svjedočio o Bogu dok sam obavljao službu vjenčanja zato što sam žarko želio da vodim još više ljudi na put spasenja.

Shvatio sam da su i moćna Riječ Božja i dokaz o živom Bogu bile neophodne da se bude svjedok Gospodnji sve do kraja svijeta. Tako da sam se revnosno molio, kao što su preci vjere to činili, da primim moć Božju, i prošao sam sva iskušenja koja su mi data sa zahvalnošću i radošću.

Ponekad su to bila skoro smrtna iskušenja. Međutim, kao što je Isus primio slavu vaskrsenja nakon besporočne smrti, Bog je uvjećavao moju moć u skladu sa Njegovom željom kad god bih prevazilazio iskušenje jedno za drugim.

Kao ishod, svaki put kad bih širom svijeta svjedočio zašto je Bog jedini istinski Bog i zašto ste vi spašeni kada vjerujete u Isusa Hrista - u Keniji, Ugandi, Hondurasu, Japanu, čak i u pretežno muslimanskom Pakistanu i Hindu-dominantnoj državi Indiji- od 2000.god. djesetine hiljada ljudi se pokajalo, slijepi su primili vid, nijemi su progovorili, gluvi su pročuli, a neizlječive bolesti kao SIDA i različite vrste raka su izliječene. Ova čuda su veoma proslavila Boga.

Zato, onaj koji potpuno razumije šta krivovjerje znači ne osuđuje druge kao jeretike nepažljivo. U Djelima Apostolskim 5:33-42 čitate o Gamalielu, učitelju zakona, koga je slavio sav narod. Kako je on radio?

U to vrijeme, Fariseji Senedrina zabranili su Petru i Jovanu da svjedoče o Isusu Hristu, ali oni su bili ispunjeni Svetim Duhom i nisu poslušali državni savjet. Zato su članovi Senedrina hteli da pogube apostole. Gamalieil je, pak, ustao u Senedrinu i naredio da ljude izvedu napolju na kratko. Onda im se obratio:

Pa reče njima: Ljudi Izrailjci! Gledajte dobro za ove ljude šta ćete činiti. Jer prije ovih dana usta Tevda, govoreći da je on nešto, za kojim pristade ljudi na broj oko četiri stotine. On bi ubijen, i svi koji ga slušahu raziđoše se i propadoše. Potom usta Juda Galilejac, u dane prepisa, i odvuče dosta ljudi za sobom; i on pogibe, i svi koji ga slušahu razasuše se. I sad vam kažem: prođite se ovih ljudi i ostavite ih; jer ako bude od ljudi ovaj savjet ili ovo djelo, pokvariće se; ako li je od Boga, ne možete ga pokvariti, da se kako ne nađete kao bogoborci. (Djela Apostolska 5:35-39).

Kako čitate ovaj odlomak, shvatate da ako čuda nisu zbog ili od Boga, ona na kraju neće uspjeti čak iako ljudi ne preduzmu ništa da to spriječe. Pak, čak iako se opiru ili uznemiravaju djela koja su Božja, oni neće moći da spriječe ova djela. Umjesto toga, njihov napor se ne razlikuje od borbe protiv Boga i oni će biti predmet Njegove kazne i osude.

Ponekad ljudi osuđuju druge kao jeretike zbog razlike u interpretaciji Biblije, vizija o Svetom Duhu, čak i u jeziku iako oni svi priznaju Trojstvo i da je Isus Hrist došao u tijelu. Neki ljudi čak kažu da im nije potreban jezik ili vizije, i da su ova djela Svetog Duha pogriješna zato što ne postoji zapis da je Isus govorio razne jezike ili imao vizije. Međutim, Biblija govori da je ovo dobro za nas:

A u svakome se pojavljuje Duh na korist. Jer jednom se daje Duhom riječ premudrosti; a drugom riječ razuma po istom Duhu; a drugom vjera, tim istim Duhom; a drugom dar iscjeljivanja, po tom istom Duhu; a drugom da čini čudesa, a drugom proroštvo, a drugom da razlikuje duhove, a drugom različni jezici, a drugom da kazuje jezike. A ovo sve čini jedan i taj isti Duh razdjeljujući po svojoj vlasti svakome kako hoće. (1 Korinćanima Poslanica 12:7-11).

Prema tome, vi ne trebate ogovarati ili osuđivati one koji imaju različite vrste darove Duha kao jeretike samo zato što ih niste sami iskusili.

Duh istine i duh zablude

U 2. Poslanici Petrovoj 2:1-3 postoji objašnjenje o jeresi. Biblija nas opomenjuje o lažnim prorocima i učiteljima koji tajno uvode razorni jeretizam. *„I mnogi će poći za njihovim nečistotama kojima će se huliti na put istine; I u lakomstvu loviće vas izmišljenim riječima. njihov sud odavno ne docni, i pogibao njihova ne drema."* (2. Poslanica Petrova 2:2-3). Takođe u 1 Poslanici Jovanovoj 4:1-3, kaže se: *„Ljubazni! Ne vjerujte svakom duhu, nego kušajte duhove jesu li od Boga; jer mnogi lažni proroci iziđoše na svijet. Po ovom poznajte Duha Božjeg, i duha lažnog; svaki duh koji priznaje da je Isus Hristos u tijelu došao, od Boga je; a svaki duh koji ne priznaje da je Isus Hristos u tijelu došao, nije od Boga; i ovaj je antihristov, za kog čuste da će doći, i sad je već na svijetu."*

Testirati svaki Duh bilo da jeste ili nije od Boga

Postoje dobri duhovi koji pripadaju Bogu koji vas vode ka spasenju a isto tako postoje zli duhovi koji vas zavode ka uništenju.

Sa jedne strane, onaj kome je dat Duh Božji, prihvata da je Isus Hrist došao u tijelu. On vjeruje u Sveto Trojstvo–Bog, Isus Hrist i Duh, i on je označen kao Božje dijete. On može da razumije istinu i živi u skladu sa istinom uz pomoć Duha.

Sa druge strane, onaj ko ima duh antihrista osporava Isusa Hrista sa Riječju Božjom i odbija Njegovo spasenje. Vi morate biti pažljivi i sposobni da razlikujete antihrista jer antihrist često radi među vjernicima tako što zloupotrebljavaju Božju Riječ.

U svakom slučaju, osporavati Isusa Hrista nije ništa drugo

nego borba protiv Boga koji je poslao Njega na ovaj svijet. Biblija upozorava na antihrista u 2. Jovanovoj Poslanici 1:7-8, na sljedeći način:

Jer mnoge varalice iziđoše na svijet koji ne priznaju Isusa Hrista da je došao u tijelu. Ovo je varalica i antihrist. Čuvajte se da ne izgubimo šta smo zaradili, nego da primimo platu potpuno.

U 1. Jovanovoj Poslanici 2:19 je još jedno upozorenje za nas:

Od nas iziđoše, ali ne biše od nas: kad bi bili od nas onda bi ostali s nama; ali da se jave da nisu svi od nas.

Postoje dvije vrste antihrista: čovjek koji je opsednut duhom antihrista i čovjek koji je obmanut duhom antihrista. Oni zajedno pokušavaju da obmanu ljude kad god Sveti Duh obitava. Oni pridobiju ljude da se suprotstave Božjoj Riječi i zavode ih preko njihovih misli. Ljudi čije misli potpuno kontroliše duh antihrista su poznati kao ljudi „obuzeti demonima."

Ako je svješteniku dat duh antihrista, članovi crkve hodaju putem uništenja opsednuti duhom antihrista.

Zbog toga morate jasno da znate o Duhu istine i duhu zablude kako ne bi bili obmanuti od strane duha antihrista nego da živite po istini i svjetlu.

Kako razlikovati Duhove

U 1. Jovanovoj Poslanici 4:5-6 čitamo: *„Oni su od svijeta, zato govore od svijeta, i svijet ih sluša. Mi smo od Boga; koji poznaje Boga sluša nas, a koji nije od Boga ne sluša nas. Po ovom poznajemo duha istine i duha zablude."* Izraz „zabluda" odnosi se na „lažna izjava koja je neistinita." Duh zablude je svijetovni duh koji vas zavodi da vjerujete u nešto što je neistina kao da je istina, i navodi vas da izađete iz granica vjere. Naime, onaj koji je od Boga sluša Riječ istine, dok onaj koji pripada svijetu sluša svijetovna pričanja, ne istinu. Prema tome, njih je lako prepoznati. Vama postaje očigledno da li je svjetlost ili tama ako vi znate istinu. Onda možete reći: „Ova osoba je u istini dok je ova u tami."

Na primjer, ako neko u nedjelju kaže: „Hajdemo na piknik popodne. Prisustvovaćemo samo jutarnjoj službi. Zar to nije dovoljno?" ili ako on podlim trikovima pokušava da uništi Božje carstvo a i dalje tvrdi da vjeruje u Boga, to je djelo duha zablude.

Vi možete da razumijete mnoge stvari koje vam Bog dragovoljno daje ako primite Duha istine koji je od Boga (1. Korinćanima Poslanica 2:12). Eto zašto Sveti Duh živi u vama— Božjem dragocjenom djetetu. On je Duh istine i vodi vas u svekoliku istinu. On sam ne govori, On govori samo ono što čuje, i On će vam reći stvari koje tek treba da budu.

Zato, Isus govori u Jevanđelju po Jovanu 14:17: *„To je Duh istine, kog svijet ne može primiti, jer Ga ne vidi niti Ga poznaje, a vi Ga poznajete, jer u vama stoji, i u vama će biti."* Jevanđelje po Jovanu 15:26 daje nam još jedan podsetnik o Svetom Duhu: *„A kad dođe Pomagač, koga ću vam Ja poslati od Oca, Duh istine, koji od Oca izlazi, On će svjedočiti o Meni."*

Takođe u 1. Korinćanima Poslanici 2:10 čitamo: „*A nama je njih Bog otkrio Duhom svojim; jer Duh sve ispituje, čak i dubine Božije.* " Kao što je napisano, Sveti Duh je jedini koji potpuno poznaje i shvata Božji um.

Zbog toga, oni koji prime Duha istine slušaju Riječ istine i povinuju joj se. Što se više širi carstvo i pravičnost Božja, oni su sve radosniji. Oni su puni života, očekujući carstvo nebesko. Ipak, neki samo dolaze u crkvu bez radosti zato što oni ne posjeduju Bogom-danu vjeru. Oni i dalje pripadaju ovom svijetu i draže su im svijetovne stvari kao što su pare i provod. Zato, oni ne mogu da žive u istini, da žude za nebeskim carstvom, ili da vole Boga svim srcem.

U krajnjoj liniji, ti ljudi napuštaju Boga uz duh zablude zato što pripadaju ovom svijetu i nemaju Duh istine. Takođe, nije od Duha istine ako neko klevéce ili ogovara ostalu braću i sestre po vjeri ili uznemirava druge u zavisti zato što su oni vjerni Božjem carstvu i Njegovoj pravičnosti.

Ne dozvolite da vas iko vodi pogrešnim putem

1. Jovanova Poslanica 3:7 nas upozorava na sljedeći način: „*Dječice, niko da vas ne vara; koji pravdu tvori pravjednik je, kao što je On pravjedan.* " Vi ne treba da se okrećete od Božje Riječi pa vas nećete zavjesti lažno učenje jer ništa vas ne može naučiti do Božje Riječi. Samo tada, vi ćete dobiti potpuno spasenje, biti uspješni na ovom svijetu, i uživati vječni život u carstvu nebeskom.

Međutim, đavo ulaže sve napore da spreči Božju djecu da žive po Riječi, i tjera vas da pravite kompromise sa ovim svijetom, da se okrećete od Boga, sumnjate u Njega i protivite Mu se. U 1. Petrovoj Poslanici 5:8 se kaže: *„Budite treznog duha i budite na oprezu. Jer suparnik vaš, đavo, kao lav ričući hodi i traži koga da proždere."* Kako, onda, mogu neprijatelj đavo i Satana da zavedu Božju djecu? Možete uporediti ovo sa ženom koju je zaveo muškarac. Ako žena ima u sebi dostojanstvo i ljupkost, i ponaša se lepo vaspitano, muškarci se neće usuditi da je zavode. Inače, muškarac može lako zavesti onu koja se ne ponaša prikladno. Isto tako, neprijatelj đavo i Satana će prići onom koji ne stoji čvrsto u istini i koji sumnja u Boga. Đavo dovodi u iskušenje ove ljude da se okrenu od Boga i usprotive Mu se, i na kraju ih vodi u smrt. Evu je takođe zaveo đavo zato što je uhvaćena nezaštićena jer je izvrnula Božju Riječ.

Naravno, možete naići na kušanja čak i ako nemate krivicu. To je zato što Bog hoće da vas blagoslovi, onako kao što vidite u Danilovoj kušnji koji je bio bačen u lavlju jazbinu, ili kušnja Avramova koji je dao svog sina kao žrtvu spaljivanja.

Kada se suočite sa ovim iskušenjima ili tješkoćama zato što ne stojite čvrsto na istini, vi morate odmah da se sa pokajagnjem okrenete od svojih grijehova, otjerate sva iskušenja i muke uz pomoć Riječi Božje, i date sve od sebe da stojite čvrsto na steni istine.

Stojte čvrsto u istini; nemojte biti zavedeni

U 1. Timoteju Poslanici 4:1-2, pisac piše: *„A Duh razgovetno govori da će u kasnijim vremenima odstupiti neki od vjere slušajući lažne duhove i nauke đavolske, u licjemjerju* *laža, žigosanih na svojoj savjesti.* " Ovo se odnosi na kasnija vremena kada će se neki ljudi koji tvrde da imaju vjeru okrenuti od svoje vjere tako što prate duhove zablude i stvari kojima nas poučavaju demoni. Zavedeni su licjemerni čak i kad njihova djela izgledaju ispravna i pravedna. Oni se mole pred drugima, i pokušavaju da budu ispravni zbog novca, a ne u zahvalnosti Božjoj milosti. Naposljetku, oni se odriču svoje vjere i idu na put smrti zato što je njihova savjest kao usijanim gvožđem žigosana time što lažu, žive bez istine i predaju se ovozemaljskom provodu.

Bog vas kroz Bibliju striktno upozorava da ne budete zavedeni. Isus nas u Jevanđelju po Mateju 7:15-16 upozorava: *„Čuvajte se od lažnih proroka, koji dolaze k vama u odjelu ovčijem, a unutra su vuci grabljivi. Po plodovima njihovim poznaćete ih. Eda li se bere s trnja grožđe, ili s čička smokve?* "

Nečije riječi i djela reflektuju njegovu volju ili misli. To jest, vi ćete moći da prepoznate ljude po njihovim plodovima. Ako neko ima plod zla kao što je mržnja, zavist ili ljubomora umjesto ploda istine, dobrote i pravičnosti, on je lažni prorok.

Mnogi lažni proroci, antihristi, su već prisutni na ovom svijetu. Zbog toga, Božja djeca treba da imaju zdravo razumjevanje jeresi, i uoče razliku između duha istine i duha zablude.

Neprijatelj đavo i Satana nikad ne propuštaju priliku da zavedu Božju djecu i navedu ih u grijeh kadgod se oni pokolebaju u istini. Kada ste vi stabilni u istini i povinujete joj se, vi nećete biti zavedeni duhom zablude, nego ćete ga lako pobjediti ako vam priđe.

Vi ne smijete priznati ili se pridržavati nijednih drugih učenja ili biti zavedeni tim učenjima koja su protiv istine. Umjesto toga, povinujte se Riječju Božjoj i pratite želje Svetog Duha tako da bi bili smjeli i neokaljani na Drugi Dolazak našeg Gospoda Isusa Hrista. Isus nam govori da:

„Dobar čovjek iz dobre kleti iznosi dobro; a zao čovjek iz zle kleti iznosi zlo. A ja vam kažem da će za svaku praznu riječ koju kažu ljudi dati odgovor u dan strašnog suda. Jer ćeš se svojim riječima opravdati, i svojim ćeš se riječima osuditi." (Jevanđelje po Mateju 12:35-37).

Dobar čovjek ima dobro srce i ne može izazvati zlo i štetu drugim ljudima, bez obzira da li su njegova djela korisna za njega. Međutim, zli čovjek se ne može radovati u istini. On iz svoje ljubomore i zavisti drugima čini razne vrste zla kako bi ih omeo. Čak i kad njegovo kazivanje izgleda ispravno i pravedno, vi ne možete da kažete da je on dobar čovjek ako on namjerno govori loše o drugima ili udaljava ljude jedne od drugih.

Zato, vi morate da se uvijek molite i budete na oprezu tako da ne budete zavedeni. Morate biti sposobni da raspoznate da li su duhovi istiniti ili ne i nikad ne sudite druge. Šta više, vi treba da stojite u vjeri u Svetom Trojstvu—Otac, Sin i Duh, vjerujete svemu iz Biblije, povinujete joj se i živite po njoj.

„Dođi, Gospode, Isuse!"

O autoru:
Dr. Džerok Li
(Dr. Jaerock Lee)

Dr. Džerok Li je rođen u Muanu, Džeonam provinciji, Republika Koreja, 1943. god. U svojim dvadesetim, Dr. Li je patio od mnoštva neizlječivih bolesti sedam godina i isčekivao smrt bez nade za oporavak. Jednog dana u proljeće 1974. god, njegova sestra ga je odvela u crkvu i kad je kleknuo da se pomoli, Živi Bog ga je momentalno izl/iječio od svih bolesti.

Od tog trenutka Dr. Li je sreo Živog Boga kroz to divno iskustvo, on je volio Boga svim svojim srcem i iskrenošću, i 1978. god., je bio pozvan da bude sluga Božji. Molio se vatreno da može jasno da razumije volju Božju, u potpunosti je ispuni i posluša sve Riječi Božje. Godine1982. je osnovao Manmin centralnu crkvu u Seulu, Koreja, i bezbrojna djela Božja, uključujući čudesna isceljenja i čuda, se dešavaju u njegovoj crkvi.

U 1986. god. Dr. Li je zaređen za pastora na godišnjem Zasedanju Isusove Sungkjul crkve Koreje, i četiri godine kasnije u 1990.god. njegove propovjedi su počele da se emituju u Australiji, Rusiji, na Filipinima i mnogim drugim zemljama, preko Radiodifuzne kompanije Daleki Istok, Azija radiodifuzne kompanije i Vašingtonskog hrišćanskog radio sistema.

Tri godine kasnije, 1993.god., Manmin centralna crkva je izabrana za jednu od „Svjetskih top 50 crkava" od strane magazina *Hrišćanski Svijet (Christian World)* (SAD), a on je primio počasni doktorat bogoslovlja od Koledža hrišćanske vjere, Florida, SAD, i 1996.god. Doktorat iz Službe od Kingsvaj teološke bogoslovije, Ajova, USA.

Od 1993.god., dr. Li je uzeo vodstvo u svjetskoj misiji kroz mnogo inostranih pohoda u Tanzaniji, Argentini, Los Anđelesu, Baltimoru, Havajima i Nju Jorku u Sjedinjenim Američkim Državama, Ugandi,

Japanu, Pakistanu, Keniji, Filipinima, Hondurasu, Indiji, Rusiji, Njemačkj, Peruu, Demokratskj Republici Kongo i Izraelu. U 2002.god. je nazvan „svjetski pastor" od strane glavnih Hrišćanskih novina u Koreji, zbog njegovog rada u raznim inostranim Velikim ujedinjenim pohodima.

Od jula 2012.g., Manmin Centralna Crkva ima zajednicu od preko 120000 članova. Postoji 10 000 domaćih i stranih ogranaka crkve širom planete, i do sad više od 129 misionara su opunomoćeni u 23 zemlje, uključujući Sjedinjene Države, Rusiju, Njemačku, Kanadu, Japan, Kinu, Francusku, Indiju, Keniju i mnoge druge.

Do datuma ovog izdanja Dr. Li je napisao 64 knjiga, uključujući bestselere: *Probanje Vječnog Života Prije Smrti, Moj Život Moja Vjera I i II, Poruka sa Krsta, Mera Vjere, Raj I i II, Pakao, i Moć Božja.* Njegove knjige su prevedene na više od 74 jezika.

Njegove Hrišćanski rubrike se pojavljuju u *Hankok Ilbo, JongAng dnevniku, Chosun Ilbo, Dong-A Ilbo, Munhva Ilbo, Seul Šinmunu, Kjunghjang Šinmun, Hankjoreh Šinmun, Korejski ekonomski dnevnik, Koreja herald, Šisa vijesti,* i *Hrišćanskoj štampi.*

Dr. Li je trenutno na čelu mnogih misionarskih organizacija i udruženja uključujući : predsjedavajući, Ujedinjene svjete crkve Isusa Hrista; predsjednik, Manmin svjetska misija; stalni predsjednik, Udruženje svjetske hrišćanske preporodne službe; osnivač i predsjednik odbora, Globalna hrišćanska mreža (GCN); osnivač i član odbora, Mreža svjetskih hrišćanskih ljekara (WCDN); i osnivač i član odbora, Manmin internacionalna bogoslovija (MIS).

Raj I & II

Detaljna skica predivne životne okoline u kojoj rajski stanovnici uživaju i preljepi opisi različitih nivoa nebeskih kraljevstva.

Moj Život Moja Vjera I & II

Najmirisnija duhovna aroma izvučena iz života koji je cvjetao sa neuporedivom ljubavlju za Boga, u sred crnih talasa, hladnih okova i najdubljeg očaj.

Probanje Vječnog Života Prije Smrti

Zavjetni memoari Dr. Džeroka Lija, koji je rođen ponovo i spašen iz doline senke smrti, i koji vodi primjeren Hrišćanski život.

Mera Vjere

Kakvo mjesto stanovanja, kruna i nagrade su spremne za vas u raju? Ova knjiga obezbjeđuje mudrost i smjernice za vas da izmjerite vašu vjeru i gajite najbolju i najzreliju vjeru.

Pakao

Iskrena poruka cijelom čovječanstvu od Boga, koji ne želi da ijedna duša padne u dubine Pakla! Otkrićete nikad do sad otkriveni iskaz o okrutnoj stvarnosti Nižeg Hada i Pakla.